WIZARD

相場の黄金ルール

George Lindsay and the Art of Technical Analysis

Trading Systems of a Market Master

by Ed Carlson

「3つのピークとドーム型の家」で天底と日柄を究める

エド・カールソン［著］
長尾慎太郎［監修］
井田京子［訳］

Pan Rolling

George Lindsay and the Art of Technical Analysis : Trading Systems of a Market Master
by Ed Carlson

日本語版への序文

このたび、本書の日本語版が刊行されることを、私はいろんな意味で喜んでいる。そのうちのひとつは、義姉の好加に日本語版を進呈するという約束を果たすことができるからだ。この日本語版を、妻の親戚——福岡の一葉や弥生や隆彦さん——にも読んでもらえればうれしい。

本書の執筆には、ジョージ・リンジーの手法を紹介することだけでなく、これを後世に残すという目的もある。彼は、自分のマーケットタイミングの手法について本を執筆しておらず、25年以上発行し続けたニュースレターに断片的に書き残しただけだった。

しかし、ニュースレターは時の流れとともに消えてしまう。本書の執筆は、リンジーの手法やモデルを理解するために、これらのニュースレターをできるだけたくさん探し出すことでもあった。本書に掲載した例は、すべてリンジーの時代かそれ以前のデータに基づいている。マーケットは、当時からは劇的な変化を遂げ、古い手法が役に立つのかどうか、読者の方は疑問に思われているかもしれないが、心配はご無用。人間の行動——その本質は恐れと欲望——が変わらないかぎり、本書の手法とすべてのテクニカル分析は有効なのである。すべての例をリンジー自身の資料から引用したのは、本書にできるかぎり私見が入らないよう心がけたためだ。

それでもまだこの手法が現代で有効かどうか、疑問に思われるのならば、ぜひ私が運営するホームページのシアトルテクニカルアドバイザーズ（http://www.seattletechnicaladvisors.com/home.html）にアクセスしてみてほしい。

リンジーがアメリカ以外のマーケットを分析していたかどうかは分かっていないが、彼の手法は人間やマーケットの行動の第一原理（ほかのものから推論することができない基礎的な命題や仮説）に通じるものであり、すべてのマーケットに適用できる。現代のコンピューターを多用したテクニックに何度も失望してきたトレーダーや投資家にとって、リンジーのこのようなマーケットの取り組みは新鮮に感じられると思う。

最後に、本書がストック・トレーダーズ・アルマナック（1967年創刊）の2012年最優秀投資書籍に選ばれたことを、私は大変誇りに思っている。

2012年３月

エド・カールソン

監修者まえがき

本書はテクニカル・アナリストでコンサルタント業を営んでいるエド・カールソンが、かつて相場評論家として人気を博したジョージ・リンジーの相場観測手法を詳細に解説した“George Lindsay and The Art of Technical Analysis”の邦訳である。リンジーは30年以上にわたりニュースレターなどを通じて相場解説を行っていたが、最後までその分析手法の詳細については明らかにすることなく、1987年にこの世を去った。しかしリンジーの手法には今もって価値があると考えたカールソンは、リンジーの死後20年以上たったあともさまざまな手段を駆使して資料を集め、研究を行った。カールソンがその集大成として、リンジーのテクニカル分析について平易な解説を試みたのが本書である。

さて、カールソンの目論見どおり本書の内容は極めて簡単であるし、ここで解説されていることは、伝統的なテクニカル分析の最終形のひとつと言っても良いトム・デマークの分析手法（デマークの手法はブルームバーグの公式テクニカル分析に採用されている）とかなり重なるものが見られる。このことからも分かるように、テクニカル分析を行う人にとって、リンジーの手法が不変的な価値を持つとカールソンが考えたことは的を射た考えだと言える。

さらに、デマークの手法の複雑さに比較すれば、相場の上げ下げの形状と日柄のカウントに限定されたリンジーの手法は単純明快で分かりやすく、個人投資家の方が取り組むにはリンジーの手法のほうが敷居が低い。洗練されてはいるが、多くの場合においてコンピューターの助けが必要になるデマークの手法と比べ、リンジーの手法は手作業で分析が可能だからだ。

ところで、一般に「技術」とは、その分野の体系的な知識を習得すれば、だれもが同じ結果を手にすることができるものを言う。もしだれでも等しく望むものを手にし、意図したものを再現することができなければ、「技術」とは言わないのである。したがって、技術体系は複雑であるよりも単純であるほうが良いし、背景の理論についてもつまびらかにされている必要がある。その意味では、いにしえのものが不変的な価値を持つということは、技術の世界では十分にあり得ることなのである。

最後に、翻訳にあたっては以下の方々に心から感謝の意を表したい。井田京子氏には、正確で分かりやすい翻訳をしていただいた。そして阿部達郎氏には丁寧な編集・校正を行っていただいた。また、本書が発行される機会を得たのは社長である後藤康徳氏のおかげである。

2012年３月

長尾慎太郎

本書の執筆期間中、忍耐強くサポートしてくれた妻の圭加と、素晴らしい笑顔と楽観的な性格でどれほど暗い日も明るく照らし、どんなちっぽけなことにもいつも全身で喜んでくれる幼い息子のエドワード・一弥に捧げる。

謝辞

本書を執筆するために必要な情報を提供してくれた次の人たちに、感謝を述べたい。彼らは、個人的な記憶を呼び起こしたり、リンジーの資料や手紙を提供したりするなど、さまざまな形で助けてくれた。

ステファニー・キャシディー（アート・スチューデント・リーグ・オブ・ニューヨークの公文書保管人）、フィル・コバト、アーチ・クロフォード、ピーター・エライデス、カール・フティア、エール・ハーシ、カレン・E・キング（ナショナル・パブリック・ブロードキャスティング・アーカイブスの学芸員）、ラリー・ペサベント、ジョージ・シェード、ラリー・ウィリアムズ、ジョナサン・ウッド（アルファベット順）。

また、次の人たちにも特別な感謝を捧げたい。

ジョン・ボリンジャーは、宝の山とも言えるリンジーの古いニュースレターや手紙を見せてくれた。これらの資料がなければ、本書はまったく違ったものになっていただろう。彼がこれらの資料を保管してくれていたおかげで、私たちはインベスターズ・インテリジェンスに収録されているリンジーの執筆物には書かれていない多くのことを知ることができた。

リンジーのパートナーだった故スチュワート・ティーシの妻ジャニス・ティーシは、リンジーの会社の関係者として意見を述べてくれた。また、本書に多大な影響を与えた報告書や写真などの資料も多く提供してくれた。

最後に、ジョージ・リンジーの家族にも心からお礼を言いたい。彼らの支援と励ましは何にも代えがたい助けとなった。一匹狼と呼ばれることも多いリンジーに関して、ほかではけっして知ることができない話を聞くことができたからだ。ビッキー・リンジー・ギルバート、ドン・ギルバート、タマラ・ミッチェル、そして、Ｅメールや電話やそれ以外で何時間にも及ぶ協力をしてくれたジェームス・リンジーにはどれほど感謝してもしきれない。

また次の団体の協力も得ることができた。

ザ・ＣＭＥ・グループ、インベスターズ・インテリジェンス。

ジョージ・リンジーに関する資料は下記で提供している。

Investors Intelligence
30 Church Street
New Rochelle, NY 10801, USA
電話　914-632-0422
HP　　http://www.investorsintelligence.com

本書に掲載したチャートは、すべてメタストック（http://www.equis.com/）を使用して作成した。

序章

「真実や永遠に色あせない成功というものは、その知識を一部の者だけが占有するのではなく、一般に普及させることによってもたらされるということがこれまで何度も見られてきた」（ロバート・プレクター著『R・N・エリオット・マスターワークス』［R.N.Elliott's Masterworks］）――R・N・エリオット（エリオット波動分析の考案者）

ジョージ・リンジーとはだれなのだろうか。そして、私はなぜ本書を執筆することにしたのだろうか。もしリンジーの名前を聞いたことがなければ、２つ目の質問の答えは出ている。彼は1960年代と1970年代に「株の教祖」と言われた人物で、彼のコメントはニューヨーク・タイムズ紙にたびたび載った。ただ、当時は同じようにコメントを発表していた予言者たちの名前が今日でもよく知られているのに、リンジーを知る人は少ない。テクニカルアナリストのなかでさえ彼の名を聞いたことがある人はいても、彼の功績まで知る人はほとんどいないのである。

リンジーのアイデアは、歴史の片隅にうずもれかけている。彼は自分の手法をニュースレターで断片的に紹介しただけで、本にまとめてはいない。唯一執筆した本はあるものの、それはマーケットではなく、政治と歴史について書かれている（この本『ジ・アザー・ヒストリー［The Other History］』については第２章で検証する）。本書の目的は、彼が発行した多くのニュースレターで断片的に紹介されている彼独自のモデルをつなぎ合わせ、順を追って分かりやすく紹介していくことにある。

彼の手法を使っているマーケット参加者があまりいないのは無理もない。彼のニュースレターを読むのはまるで消防ホースから水を飲むような感じで、彼の文章はとにかく読みにくい。話があちらこちらに飛んで、読者はどこで息をつけばよいのか分からないのだ。また、ニュースレターの構成も非常に見にくい。今日のニュースレターは、見出しや箇条書きを使い、チャートと文章を近くにレイアウトするなどして見やすく構成されている。しかしリンジーのニュースレターを見ると、タイプライターの前に座り、あふれ出るアイデアを次々と打ち込んでいく彼の姿が目に浮かぶ。このときの彼は、この膨大な情報を理解しようと苦心する読者のことなどほとんど考えていない。

現代の世界では、アダム・スミスの見えざる手を期待して同世代で最も優秀な人材がしのぎを削っているが、その彼らでもテクニカル分析をまじないのたぐいだと思っている。また、テクニカル分析を理解して使っている人たちは、似た思考の持ち主同士で集まる傾向がある。しかし、リンジーは無意識のうちに因習を打破していた。彼の手法は、誤ってサイクルと紹介されることが多いが、実はそれまでの手法とはまったく違う独自のものだった。彼の発想は、女優人生のほとんどをオフブロードウエーの舞台で過ごした彼の母親に倣って「オフウォール街」と呼ばれていた。現代のアナリストは、短い時間枠（30分足、5分足、ティック足など）に注目することが多く、それが行きすぎると近視眼的になって目的を見失いかねない。リンジーは、マーケットをもっと大局的に、ある意味では健全な見方をしていた。ただし、これをバイ・アンド・ホールドの手法と混同してはならない。言い換えれば、みんなが木に注目しているときに、リンジーは森全体を見ていたのである。

哲学を理解するためには、哲学者とその人が生きた時代を理解しなければならないと言われているが、ジョージ・リンジーを理解するうえでもまったく同じことが言える。これまでリンジー自身についてはほとんど知られておらず、謎の人物と言われてきた。いったい彼はどのような人物なのだろうか。天才なのか、高校中退の落ちこぼれなのか、芸術家なのか洗練されたウォール街のプロなのか、異性愛者、同性愛者、はたまた性にはまったく興味がないのか、右派の保守派なのか、協調性がなく夢ばかり追う未来派なのか。その答えとして、第1章ではリンジーの生い立ちを見ていく。

リンジーの芸術家としての経験は、マーケットにおいても随所に見られる。20世紀前半のジャズ界で活躍した偉大なサックス奏者のチャーリー・パーカーは、「自分の楽器についてよく学び、あとは練習、練習、練習だ。しかし、ステージに立ったらすべて忘れてただ音を奏でるのみ」と言っている。これは、リンジーのモデルを使うときにも有効だろう。彼のモデルには、音楽と同様にたくさんのルールと特定の数え方（カウント）があるが、その例外のところで魔法が起こる。本書で紹介する指針を学び、練習すれば、「マーケットを感じ」「ただ奏でる」ことができるかもしれない。

2011年3月2日

エド・カールソン

第 *1* 部

Biography and "The Other History"

リンジーの経歴と『ジ・アザー・ヒストリー』（もうひとつの歴史）

第 *1* 章
リンジーの経歴

Biography

「君がニューヨークをどう思っているのかは知っているけれど、僕はここ以外では満足できない。独身で慣習にとらわれない僕は大都市でしか生きていけないんだ」——ジョージ・リンジー

家族

ジョージ・リンジーは、バージニアに起源を持つリンジー家の4代目だと思われる。父系の祖父であるアルバート・ロフタス・リンジーは、南部連合軍の将校として南北戦争に従軍した。1862年4月、アルバートはジョン・バンクヘッド・マグルーダー参謀総長の通信部隊長に任命された。暗号や「秘密の伝言」に興味を持ったアルバートの血が、テクニカル分析に情熱を傾けたジョージに受け継がれたのかもしれない。

ジョージの母のネリー・ビクトリア・メイヤー・リンジー（1876～1954年）はミュージカル女優で、ネリー・ビクトリアの芸名でオフブロードウエーの舞台に立っていた。1903年に撮影された彼女の写真が、ルイビル大学に保管されているマコーリー・シアター・コレクションや、ワシントン大学の図書館内にスペシャルコレクションとして保管

されている蔵書に掲載されている。ネリーは1954年12月８日に死去した。

ジョージの父のジョージ・シニア（1863～1921年）は、バージニア工科大学で工学を学び1882年に卒業した。バージニア州議会で議事録係の責任者を数十年間務め、1900年３月７日には同州ノーフォークの査察官に昇格し、1921年に死去するまで同市のIRS（国税庁）事務所の初代責任者を務めた。

ジョージ・リンジーは1906年11月11日にバージニア州ポーツマスで生まれた。彼には1910年に生まれた弟のフランク・ロフタス・リンジーがいる。マウント・バーノン・アベニュー229番地にある彼の生家は、今日も残っている。14歳のときに父のジョージ・シニアが亡くなり、ジョージはニュージャージー州のペニントンスクールという寄宿学校に入った。このとき家族は母ネリーの姉妹と一緒に住むため学校から約100キロメートル離れたニューヨークに引っ越した。

リンジー家はみんな工学に関心が高いうえに、ジョージは母の芸術的な才能も受け継いでいた。この２つのまったく異なる傾向は、のちにテクニカル分析に関心を持った彼にとって完璧な素質を与えてくれただけでなく、独自の手法を生み出す助けにもなった。

芸術家としての活動

1927年秋、21歳のジョージ・リンジーは、アート・スチューデント・リーグ・オブ・ニューヨークに入学した。この学校は、ジョージア・オキーフ、ジャクソン・ポロック、ロイ・リキテンシュタインなどそうそうたる卒業生を輩出している。

リンジーは、当時広告業界の大物だったジェームス・イェーツと知り合った。家族によれば、1930年代にキャメル（タバコ）のパッケージの変更にかかわっていたジョージは、弟のフランクにピラミッドの

図1.1　21歳のころのジョージ・リンジー

出所＝リンジー家

線を描かせてあげたという。イェーツがキャメルの広告を請け負っていたウイリアム・エスティ（広告会社）のアートディレクターだったことは記録に残っており、その縁なのだろう。イェーツはのちにザ・サタデー・イブニング・ポスト誌のアートディレクターに就任した。1933年、ジョージはメイシーズで商業デザイナーとして働いていた。

ジョージの後年を知る人の多くが、彼は同性愛者だったと見ているが、彼は1931年にある女性に結婚を申し込んでいる。ただ、破局の原因やプロポーズを拒否された理由についてはだれにも明かしていない。母のネリーは晩年、1930年代のジョージは部屋にこもってレコードをかけたり大笑いしたりして「ひとりで大いに楽しんでいた」と語っている。ジョージは口数が多いほうではなかったと言われているが、この奇行は別としても彼は愛想が良く、自分の仕事はきちんとこなしていた。

シカゴ時代

リンジーがマーケットに興味を持った時期や、彼独自のアイデアや手法が生まれた時期は分かっていない。ただ、1939年６月１日に、彼は1475ドルを支払ってシカゴ商品取引所（CBOT）の会員権を取得している。つまり、それまでにいくつかのアイデアを研究し、それを実践で試すための場所を探していたのだろう。しかし、１年後の1940年６月14日にドイツ軍がパリに侵攻すると、CBOTの取引は実質的に停止した。詳しくは第２章で述べるが、『ジ・アザー・ヒストリー』を読むとリンジーが歴史に関する膨大な知識を持っていたことが分かる。おそらくCBOTの近い将来の見通しが明るくないことを予見していた彼は、1940年６月12日よりも前にCBOTの会員権を1300ドルで売却した。

ロサンゼルス時代

弟のフランクが仕事を求めてロサンゼルスに移ってから１カ月、無職のジョージと母のネリーが寒いニューヨークを離れて温暖なロサンゼルスに行こうと考えるのは自然なことだった。1944年の有権者名簿には、共和党員としてジョージとネリーが登録されており、住所はハリウッドのアパートになっている。２人はネリーが死去するまで同居していた。

第二次世界大戦が勃発したとき、ジョージは南カリフォルニア大学で航空機工学を学んでおり、そのあと1942～1945年にかけてマクドネル・ダグラスでエンジニアとして働いていたと彼自身が書き残している。ただ、1940年代半ばにはシカゴにいて1942年にはダグラス・エアクラフト（マクドネル・ダグラスの前身）で働いていたことを考える

図1.2 CBOTの前に立つジョージ・リンジー（1939年）

出所＝リンジー家

と、南カリフォルニア大学で学んだ期間はそう長くはないと思われる。

ダグラス・エアクラフトが戦争特需で大量採用したなかに、ジョージもいた。しかし、同社の経営は終戦とともに悪化し、10万人の人員削減を余儀なくされた。工学を少しかじっただけの芸術家がそのうちのひとりだったとしても不思議はない。これ以降、ジョージが企業に雇用された記録はない。このとき彼は、すでに他人と一緒に働く重圧とフラストレーションに耐えられなくなっていたのだろう。

彼は1950年に「アン・エイド・ツー・タイミング」（タイミングの指針）というパンフレットを作成し、1951年に投資顧問業を開始した。1950年代にはニューヨークに戻りたくなっていたジョージだったが、乳ガンに侵されていたネリーの世話でカリフォルニア州を離れることはできなかった。彼にはさわやかな南カリフォルニアの空気よりも、寒いニューヨークのほうが性に合っていたようだ。晩年を過ごしたニューヨークで、ジョージが冬でも窓を開け放していたことはよく知られている。ただ、家族によればジョージが最も「輝いていた」のは、死が近いネリーを看護していた時期だという。母親が亡くなると、ジョージはロサンゼルスを引き払い、1955年にニューヨークに戻った。

アナリストとしての生活

ジョージ・リンジーの周りには、伝説的な人物が多くいた。ストック・トレーダーズ・アルマナックを発行していたエール・ハーシュが「ジョージ・リンジーは過去150年間の株価チャートがすべて頭に入っている数少ないひとり」だと書いているが、彼はとにかく「ユニーク」な人物だった。彼は変人、孤独、特異、奇想天外、才能あふれる、典型的な「グリニッチ・ビレッジの自由人」などと呼ばれていた反面、協力的、謙虚、率直、親切、寛大、物に固執しない、他人を助けたいと思っている、間違ったときには素直に認める人だとも言われていた。彼のなかにはまったく異なる２つの性格が混在していたのである。

彼が最後に住んでいたグリニッチ・ビレッジのグッリニッチ・ストリート720番地は、浴室（蛇口は常に水漏れしていた）とスイングドアで仕切られた小さな台所が付いたワンルームのアパートだったが、彼はほとんど料理をしなかった。家具と言えば、彼が寝ていたソファーベッドと仕事に使っていたカードテーブル以外は、小さな本棚と道端で拾ったビーナス誕生のポスターが１枚あるだけで、テレビすら持っていなかった。この部屋は天井が高く、冬も開け放していた大きな窓があった。

夜型のリンジーは、夜に仕事をして午前３時に食事をとるような生活を送っていた。服はすべて義理の姉のメアリーと姪のビッキーがカリフォルニアから送ってきたもので、自分ではワイシャツの１枚も買わなかった。ただ、服や家具には無頓着でも、その生活ぶりからは非常に虚栄心の強い人物だと見られていた。彼は少なくとも二度の整形

図1.3　1960年代ごろのジョージ・リンジー

出所＝リンジー家

手術を受けているが、残念ながら最後の手術で眉が上がり、いつも驚いているか眉にやけどを負ったような顔になってしまった。

また、かつらも愛用していた。一時期は、「散髪直後」と「散髪が必要な状態」と「普通の長さ」という３種類を持っていたこともある。

政治観

1970年２月、ラルフ・ネーダーがGM（ゼネラル・モーターズ）を告発する「キャンペーンGM」を発表した。この活動の目的のひとつは、大株主である機関投資家を使ってGMに「大気汚染、高速道路の安全、少数民族の雇用などの問題に本格的に取り組む」ように圧力をかけることだった（『サイエンス』1970年５月29日号、Vol.168、no.3935、1077～1078ページ）。

1971年にGMの株主総会でネーダーの提案が却下された４日後、リンジーは自分のニュースレターの５月28日号で次のように述べている。

「ラルフ・ネーダーの活動の趣旨は、経営には消費者、少数民族、ディーラー、労働者などさまざまなグループがかかわるべきだということにある。これは今日では『消費者主義』と呼ばれているが、実はファシズムと変わらない。ただし、これはヒトラーを連想させるファシズムではなく、1922年にムソリーニが提唱した政策である。GMはその巨大さを非難されているが、これはもちろん社会主義的発想である」（本章で出所を記していない引用文はすべてリンジーが1959～1972年にかけて自ら発行していたニュースレター「ジョージ・リンジーズ・オピニオン」からの引用）。

ここからうかがえるリンジーの洞察と、彼がカリフォルニア州で共和党に登録していたことから、彼は間違いなく右派（保守派）と言ってよいだろう。ここでも、リンジーの政治観とニューヨーク時代に同性愛者だと言われていた彼の相反する性格を見ることができる。当時、仲間のアナリストはリンジーについて派手で、熱しやすく、話し出したらとまらないが、愉快で、陽気な人物だと言っている。真っ赤なかつらと黒のエナメルのブーツに、青いダブルのブレザーとカリフォルニアの親戚が送ってきたストライプのシャツを着たリンジーはかなり目立っていたに違いない。アナリストのジェームス・アルフィエにあてた手紙に、リンジーは「独身で慣習にとらわれない僕は大都市でしか生きていけない」（1971年10月18日）と書いている。

投資顧問業

リンジーは、まだカリフォルニア州に住んでいた1951年に投資顧問業を開設し、この仕事は1975年まで続いた。彼は毎週、投資ニュースレターの「ジョージ・リンジーズ・オピニオン」を執筆していたが、1972年２月（65歳）からは１カ月に１回の発行になった。投資顧問業は1975年まで続け、それ以降はジョン・ブラウンがテキサス州ヒューストンで発行していた「ジ・アドバイザー」に年に４回寄稿していた。1979年からはリンジーのニュースレターを買い取ったアーネスト・アンド・カンパニーのコンサルタントとしてニュースレターの執筆を続け、1984年まで独自の分析を披露した。リンジー自身はトレーディングはせず、調べること自体が好きだった。1969年には目先の相場からマーケットの歴史に関心が移り、過去の「インターバル（期間、日柄）」を調べることで歴史的な出来事を予測できると確信した。彼は、この考えを1971年にワシントンDCで開催された世界未来学会の最初の国際会議で発表した。また、彼が所属していたニューヨークのSIRE（ザ・ソサエティー・フォー・インベスティゲーション・オブ・リカーリング・イベント。繰り返し起こる出来事を調査する団体）でもこの発見について何度か発表している。この内容については次章で詳しく紹介する。

スチュワート・ティーシ

リンジーのニュースレターにリンジーと共に署名しているスチュワート・ティーシは、17年間リンジーと共に会社を運営していた。ティーシは1929年４月29日に生まれた生粋のニューヨーカーで、ロングアイランド大学で足病学を学んだあと足病医として働いているときにテクニカル分析に出合った。彼はすぐにこれに夢中になり、医者をやめてマーケットに没頭した。ティーシの家族もこの会社にかかわっており、彼の母親は簿記係、父親と妻のジャニスは日々の業務を手伝っていた。

1970年代にリンジーが引退すると、スチュワートとジャニスはアリゾナ州に移り、電話による投資顧問業とニュースレターの発行を始めた。彼は晩年はチャールズ・シュワブに勤務し、1998年３月30日にアリゾナ州スコッツデールで亡くなった。

リンジーの評価

1980年までにリンジーの信奉者はかなりの数に上っており、彼を中傷する人はあまりいなかった。ただ、一般的には当時のナンバーワンと言えば、カンザスシティのアナリストで、オン・バランス・ボリューム（OBV指標）で知られるジョー・グランビルだろう。グランビルは、投資会議で棺桶から登場したり、顧客との会合にプールを横切って現れたりするなど、自己演出がうまかった。

リンジーはグランビルと張り合おうとするようなタイプではなかったが、アナリストのジェームス・アルフィエが1981年に「グランビルの検証」というレポートを発表したころには、自分が高い評価を受けていたことを分かっていただろう。このレポートは、グランビルの実績をまとめ、マーケット予想で教祖的人気があったアナリストたちの実績と比較していた。このなかにリンジーも入っていたのである。

リンジーについて書き残しているのはアルフィエだけではない。ストック・トレーダーズ・アルマナックを発行していたエール・ハーシュもリンジーに注目し、1968年から10年以上もリンジーの年間予想をアルマナックに掲載していた。ハーシュは1968年に、「ウォール街の有名アナリストによる年間予想の多くは、毎年１月に発表される。しかしただひとり、過去10年間にわたって不可能としか思えない予想を発表してきた人物がいる。それがジョージ・リンジーズ・オピニオンを発行しているジョージ・リンジーだ。彼は毎年、株式市場の１年間の動きを月別に予想し、ダウ平均の上昇や下落を価格レンジと共に細かく予想するのである」と書いている。同書は、リンジーの1969年の予想を「それまでで最高の長期予想」と称賛している。

1987年になると、リンジーのニュースレターを買い取ったジョン・ブラウンと共同でニュースレターを発行することになり、７月１日に第１号が発行された。リンジーはそのあとすぐに亡くなったが、その前にブラウンに「最後の上昇は1987年８月ごろになると思う」と伝えていた。そして８月25日、最初、ダウ平均は通常の調整かと思われたが最大級の下落に発展し、39日間で40％以上も下落したあと同年10月20日の日中に最安値を付けた。

「ウォールストリートウィーク・ウィズ・ルイス・ルーカイザー」

リンジーは、ルイス・ルーカイザーが司会を務めていたウォールストリートウィークというテレビ番組に２回出演している――1981年10月16日と1983年５月８日。メリーランド・パブリック・テレビジョンが制作したこの番組は、全国放送でウォール街をテーマにした最初の番組で、ルーカイザーが2002年に番組を去るまで32年間も続いた。

コートやネクタイが嫌いだったリンジーが、番組に出演するために唯一持っていたワイシャツを着たら左の肩に穴が空いていた話は、リンジー家の笑い話になっている。

２回目に出演したときにいた観客によれば、リンジーはステージに上がるのに苦労して、手助けが必要だったという。

何年かあとに、この番組で過去の出演者の予測力を特集したとき、ルーカイザーは、「史上最大のブル相場が始まる８カ月前の1981年10月に、一見変人のゲストにインタビューをしたが、結局彼の予測は不気味なほど正確だった」と語っている。リンジーが最初に出演した1981年10月に、ルーカイザーが「今回のベア相場を抜けてブル相場に入るのはいつになるのか」と質問すると、リンジーは、「ベア相場は最も早ければ1982年８月26日に終わり、最安値は750～770ドルのレンジになる可能性が高い」と答えた。

このベア相場は、実際には1982年８月９日の日中に最安値を付け、終値で見た最安値はその３日後の776.92ドルだった。

リンジーの死

ニューヨーク・タイムズに掲載されたリンジーの死亡記事によれば、彼は1987年８月６日に心臓発作で亡くなった。彼の墓碑はカリフォルニア州サンノゼのオーク・ヒル・メモリアル・パークにあり、彼の遺骨が埋葬されている。

結び

人の人生を短くまとめることなどできない。本章の目的は、マーケットのタイミングをつかむリンジーの並はずれた能力を記録するだけでなく、その才能を生み出した過程として彼の人生に焦点を当てることにある。芸術家とそうでない人では、目の前の何も書かれていないキャンバスの見方が違う。普通の人は、まず描く対象を細かく描き、そのあと余白にとりかかることが多い。一方、芸術家は画面全体をとらえ、細かい点を気にせず全体を大胆に描いたあと、細かい描写にとりかかる。この手法はリンジーがマーケットを分析するときにもはっきりと見ることができ、今日のテクニカル分析とは大きな違いがある。

第2章 もうひとつの歴史

The Other History

「宇宙のすべてのものは、ある一定のリズムをもって動いている。ランダムな動きなどはないのだ。その根底にあるのは、すべての物はそれぞれの番が来ると、その最終形と同じリズムを刻むという事実である。全体は部分をつなぎ合わせたものではなく、全体も各部分も同じような影響を受けているのだ」――ジョージ・リンジー

リンジーが最も情熱を傾けたのが、著書の『ジ・アザー・ヒストリー』の主題である「テクニカルの歴史」であることはよく知られている。この「テクニカルの歴史」という言葉は、本のなかで紹介している手法を説明するときに、彼がテクニカル分析を意味して使っている。

『ジ・アザー・ヒストリー』はリンジーの唯一の著書である。彼が通常のルートで出版を試みたのかどうかは分からないが、最終的にはバンテージ・パブリッシングの助成出版制度を使って自費出版した。

分かりにくい主題をリンジーの難解な文章でつづったこの本は、残念ながら彼の不可解な文章の典型例になっている。詳細な情報とあいまいな資料が詰め込まれたこの本を読むと、読者は彼がわらにもすがる思いで「テクニカルの歴史」を証明しようとしているのか、それとも実際にすごい発見をしたのかすら分からなくなる。

「2400年前に亡くなったヘロドトスの影響は至るところに残っている。彼以降に行われた歴史の研究は、わずかな例外を除いて、すべて彼が設定した形式に倣っている。つまり、見聞きした出来事を時系列に列挙するだけで、定説となっている原因と結果以外に解説はまったくない」

リンジーによれば、前世紀に書かれたこのジャンルの本はわずか20冊しかないという。そして、注目に値するのは、デュピュイ著『オリジン・デ・トゥ・レ・キュルト』（Origine des tous les cultes）と、ストローマ・フォン・ライヘンバッハ著『ヒストリオノミー』（Historionomie）と、ギャストン・ジョゼル著『レ・リズム・ドン・リストリ』（Les Rhythmes dans l'historie）だけで、リンジーの本はジョゼル派に属していると書き添えている。また、この分野の英語で書かれた本は、ブルックス・アダムス著『ザ・ロウ・オブ・シビリゼーション・アンド・ディケイ』（The Law of Civilization and Decay）とヘンリー・アダムス著『ザ・ルール・オブ・フェーズ・アプライド・ツー・ヒストリー』（The Rule of Phase Applied to History）以外にほとんどないとも書いている。リンジーはマーケットタイミングを測るテクニックを研究する過程でこのような考えを持つようになったと考えてよいだろう。

どれほどの例を挙げても、リンジーのアイデアに対する懐疑心をぬぐうことはできない。しかし、彼のマーケットタイミングのテクニックとそこに含まれる時間のインターバルの概念を検証していくと、「テクニカルの歴史」はずっと受け入れやすくなる。それでも懐疑的な人は、本書を読み終わったあとで再度本章を読み返してみることを勧める。

時間のインターバル

『ジ・アザー・ヒストリー』は、リンジーの株式市場に関する研究と同様、時間のインターバルに注目している。インターバルの出発点には、常にアジテーションがある。**「アジテーションとは、特定の時期に多くの人々の意識が高まり、それによって活動が活発になることである。通常はある終点に向かっていく。アジテーションは本来は物理的なもので、その場合は流血を伴うことも多いが、知的だったり感情的だったりする（世紀の大発見や芸術作品の完成）こともある」**。ここで知っておくべき重要な数字は、36と40と56で、これは時間のインターバル（間隔）を表している――36年、40年、56年。これらのインターバルは推定値であり、リンジーは前後１年の誤差を認めている。つまり、36年は、実際には始点（アジテーションの時期）から35～37年を意味している。40年と56年についても同じことだ。そして最後に、64～69というインターバルもある。ちなみに、その途中の時期に起こることは重要ではないため、無視してよい。

これらのインターバルは、始点やアジテーションの時期における困難のあと、それが緩和したり成功に変わったりする時期を示している。「この理論によれば、36年または40年前に１つの終点を目指すアジテーションがある。ただ、そのときに活動の核となる明確な思想が定義されていないかぎり、集団による活動は失敗するか成功しても完璧ではない」。アジテーションのあとの最初のインターバルはさまざまで、36年（35～37年）のこともあれば40年（39～41年）のこともある。ちなみに、『ジ・アザー・ヒストリー』の出版から41年後に、本書の企画はスタートした。

このような動きは、逆行することもよくある。逆行とは、時計の針を巻き戻して困難から楽観に向かう通常の流れとは逆に動くことで、「それはいつも最後の勝利の直前に起こって展望を狂わす」。逆行は、通常40年のインターバルが満了する少し前に起こることが多い。そのあと56年（55〜57年）と、最後のインターバルである64〜69年が続く。

戦争と失敗した反乱

「……歴史を通して見ると、軍の反乱や統治者の死や王朝の終焉や、それらのいろいろな組み合わせで起こる反乱の失敗のあと、ある期間を置いて不運な出来事が起こっている」

リンジーがかなりの分量を割いている物理的なアジテーションは、反乱の失敗である。ちなみに、彼が言うインターバルは、成功した統治者の視点に立っている。しかし、標準的なインターバルが終わると動乱が起こり、反乱を抑え込んだ政権は打撃を受ける傾向がある。その結果、インターバルを経て状況は楽観（反乱を抑制）から困難（反逆者の「勝利」）へと移行する。「私の理論によると、反乱が失敗に終わった敗者も、３つのインターバルのなかの１つ以上が経過したあとには少なくともある程度の目的を達成することができる」

反乱が失敗した最もよく知られた例に、アメリカ南北戦争がある（1861〜1865年）。これは、複数のサイクルが重なり合って影響を及ぼし合った例でもあるが、単純な反乱として見ると状況は楽観から困難へと移行している。

「インターバルの経過後は、反逆者を抑え込んだ政権が災難に苦しむだけでなく、負けた側も少なくとも目的の一部を達成している場合が多い」。当時、南軍の主張のなかでも最も悪名高かったのがアフリカ系アメリカ人に対する奴隷制度だった。南北戦争勃発から35年が経過した1896年５月、合衆国最高裁判所はプレッシー対ファーガソン裁判において「分離すれど平等」の主義の下、人種分離法は合憲であるという判決を下した。

南北戦争開戦から40年が経過した1901年９月、マッキンリー大統領が銃撃され、死亡した。大統領は反乱を鎮圧した側のリーダーだった。リンジーは、暗殺計画に目に見える効果があったかどうかを判断するためには、インターバルの年数がそのほかのアジテーションと合っているかどうかを検証し、暗殺計画が同時期の人たちに与えた印象を測定する必要があると書いている。

最後に、南北戦争（1861年）から56年後、ドイツが無制限潜水艦戦を宣言（1917年１月）して、アメリカは第一次世界大戦に参戦せざるを得なくなった。当時、困難に陥っていたアメリカは敗戦をも危惧した。しかし、このとき困難と楽観の分岐点に立っていたのはアメリカだけでなく、ドイツもまた困難に直面していた。

「反乱の失敗のあとの期間においては、通常２つの展開が見られる。まず、反逆者やその後継者は要求したものの一部を獲得する。ときには、彼らが当初の目的を能動的に実現することもあれば、反逆者を抑圧した勢力に事実上の報復をするのが精いっぱいという場合もある。一方、混乱を鎮圧した勢力やその後継者は、回り回って困難に見舞われる。それは自治体の長かもしれないし、それに近い人物や、権限を委譲した人物かもしれない。また、個人ではなく国民全体が不幸に襲われることもあり、なかでも多いのが自国の軍隊が外国軍に敗れるというケースだ。もし明らかな災難には見舞われなくても、以前の戦いの勝者が成功を収めるために大変な苦労を重ねるというような形で現れることもある」

異なる展開が重なった好例が18世紀から19世紀初頭のドイツにある。ドイツから見て困難から楽観に移行した時期は、1806年にナポレオンがプロイセンを破ったイエナの戦いから始まった。ドイツはそれから57年のインターバルを経て1863年に好転し、イエナの戦いから69年が経過した1871年のドイツ帝国の成立で頂点に達した。また、1871年はもうひとつの好転へのカウントである64～69年の始まりでもある。1871年のドイツ帝国の成立から69年後は1940年であり、これはヒットラーが６月にフランスに侵攻して勝利を収め、絶頂期を迎えた年に当たる。しかし、同年秋にブリテンの戦いに敗れると、ヒトラーの運に陰りが見え始めた。これと同じ時期に、楽観から困難への展開も起こっていた。1848年に、ベルリンとウィーンで国家主義的な反乱が起こったのである。どちらも制圧されたが、これがドイツ当局にとって楽観から困難に移行する始まりとなった。そして、その69年後に第一次世界大戦が終結した。困難の時期は、1940年を頂点とする楽観な時期とある程度相殺されたのである。

感情的なアジテーション

「時間のインターバルは暴力的な出来事からだけでなく、感情が一気に噴出するような出来事からも数えることもできる」

感情的なアジテーションの本質は宗教的なものもあれば、経済的・政治的なものもある。「通常、感情的なアジテーションは困難の岐路で起こり、インターバルを経て困難から楽観へと移行する」。感情的なアジテーションの発生日は、革命における流血事件などといった物理的なアジテーションと違って正確に特定するのが難しい。また、感情的なアジテーションには特異な性質があるとリンジーは書いている。「物理的なアジテーション後の影響は暴動が発生した国に限定されることが多いが、感情の噴出の余波は国境を超える」。彼は、この影響は１つ以上の条件が整うと広がる可能性が高いことを発見した。もしアジテーションが文化の中心地で発生した場合――例えば15世紀のイタリアの都市フィレンツェ――その影響は国境を越えて広がる可能性が高い。ちなみに、アジテーションはその内容よりも密度がカギとなる。そして最後に、慣習を根本的に覆す出来事も、国境に関係なく広がることが多いとリンジーは書いている。さらに、「必ずとは言えないが、同じ目的を持った２回目の感情的なアジテーションのあとにその目的が達成されることが多い」ことも特異な点として挙げている。

キリスト教教会の設立も、イエス・キリストのはりつけから数えることができる。リンジーによれば、「キリストの任務は感情的なアジテーションを引き起こすことであり、はりつけはアジテーションを抑えるために行われた」。

リンジーはさらに、「はりつけは粛清に分類されるため、このときは楽観から困難へと発展した。そしてローマもユダヤ人も災難に見舞われた」とも書いている。つまり、これはローマ人やユダヤ人から見た展開なのである。はりつけが行われた可能性が最も高い西暦30年から数えて36年後の66年には、ユダヤ人がローマ人の統治に対して反乱を起こした。しかし、ベスパシアヌスが68年にエルサレムを包囲し、70年８～９月にティトゥスが攻落した。このとき、はりつけという名の粛清から40年のインターバルが経過していた。

一方のローマ人も、困難に見舞われていた。もしはりつけが行われたのが西暦30年に間違いなければ、64年のローマ大火は楽観から困難への展開のせいだとするには１年早い。ただ、西暦30年自体が確定していないことを考えれば、ローマ大火についても言及しておくべきだろう。火事は５日半続き、焼け残ったのは14地区中わずか１地区だった。リンジーは次のように書いている。「68年のネロの死と、それに伴うユリウス・クラウディウス朝の断絶は予想できたはずだ。このときの余波は並はずれて大きく、ネロのあと３人の皇帝がタキトスの言葉を借りれば『長くても１年』で失脚している」

さらに、「西暦30年のはりつけから55年後の85年に、ドミティアヌスが自ら終身監察官に就き、元老院と対立した」。そして、66年後の96年９月にドミティアヌスが暗殺されてクライマックスに至った。

困難から楽観という逆の展開について、リンジーは「重要な感情的なアジテーションの出来事のあと、困難から楽観に至る64～69年のインターバルは並はずれた威光や進展の前兆になっていることが多い。

このカウントは、新しい時代の始まりを意味するときもある。その場合は64～69年にわたって幸運が続き、特定の条件がそろえば（例えば２回目のアジテーションから数えられる場合）、幸運は80～90年に及ぶこともある」と書いている。

リンジーの見方は次の文に要約されている。「感情的なアジテーションは、そのあとの成功の原因ではなく、内面のあまり知られていない力が発する表面的なサインでしかない。……理論や利点やパフォーマンスで議論に勝つことはできない。人は論点を客観的に判断することができないからだ。……インターバルは、群集心理を過剰に刺激して人々を喚起するのではなく、ひとりひとりの心に影響を及ぼしていく」

創造物の集中

「この現象の最も重要な条件は、短期間に発表された本や芸術作品の数である。測定期間が短いほど、集中度は明確になる」

創造的な集中とは、これまでとは別のアジテーションで、優れた芸術作品が集中して発表されたり完成した時期を指す。作品のなかには本、絵画、物議を醸す戯曲、交響曲やオペラを含む音楽などがあり、これらは必ず楽観から困難へと向かう。創造的な集中には、国内だけでなく外国でも認められるという特徴がある。ここで重要なのは、価値ではなくて影響力なのである。ただ、アジテーションのあとに必ずインターバルの反動があるわけではないし、インターバルによって重要度が違う。そこで、その影響を予測するために、ある国のインターバルと競合国のそれの相関関係を見てみよう。もし、楽観と困難が同じ時期に予定されていると（２つの対立するインターバルが同時期に終わるとき）、どちらの影響が先に出るかは分からない。運勢は素早く変わると思っておいたほうがよい。また、災難はつかの間で、繁栄のほうがずっと長く続くということも覚えておいてほしい。

リンジーは創造的な集中の最初の例として、何冊かの本が出版された1749年ごろを挙げている。それから40年、困難が予想されるフランスで実際に1789年のフランス革命が起こった。

アインシュタインが「物理学の新しい原則となる独創的な世紀の理論」の基礎となる論文を発表して「脅威の年」と言われた1905年は、ほかのドイツ人研究者の業績と合わせて創造物が集中する年になっている。そして、それから40年後に、第二次世界大戦でドイツが敗北した。

「テクニカルの歴史家は、関係のない分野の出来事でも恐れず結びつける。継続性を無視するわけではないが、明らかな関係がなくても感覚的に合っていそうならばそれでよい。ここでは、潜在意識のなかで反芻する間に何が変形され、修正されたかもしれないことを考えることに意味がある。それによって、その後の動きは指図されたものではなく、しっかりと根づいた考えに基づいたものになる」

失われた原稿

リンジーが亡くなったとき、２冊目の本に着手していたことが分かっている。彼自身がそう語っていたし、家族がその原稿の一部を見つけている。彼は新しい本で、最初の本で紹介したよりもはるかに長いインターバルについて扱おうとしていた。

彼は、歴史におけるMパターンという独自の理論を研究していた（**図2.1**）。この理論は実際の出来事を予測するものではないが、彼は「特定の時点で、ある種のありそうもない出来事が起こる条件を予想する方法を見つけた」と書いている（未出版の原稿で、1982年よりもあとに書かれたジョージ・リンジー著『ア・ウエー・ツー・プレディクト・ザ・フューチャー』［A Way to Predict the Future］より）。戦争の場合、彼の理論で開戦を予想することはできないが、勝つ可能性が高

図2.1　Mパターン

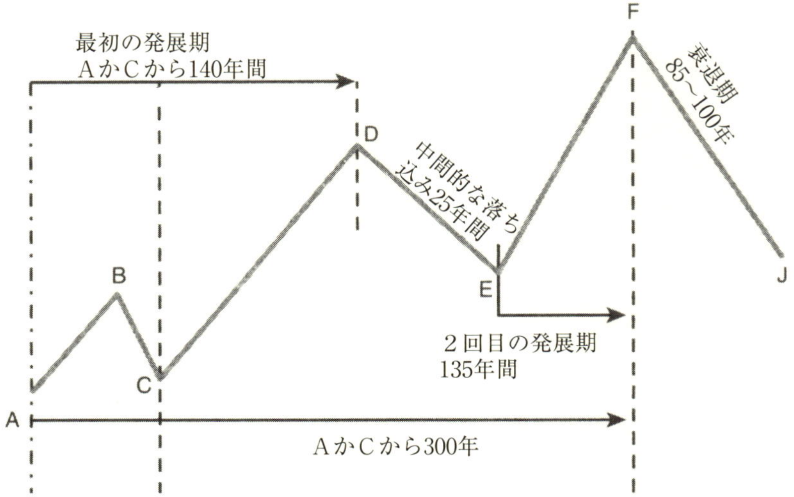

いほうを予想することはできる。ただしこれは、それらの出来事が特定の期間内に起こることを前提としている。

「大国間の戦争など、非常に重要で特定の出来事を確実に予想する方法はない。ただ、もしそのような出来事が起こるならば、事前に予測できる時期のどこかで起こることは記録が示している」（『ア・ウエー・ツー・プレディクト・ザ・フューチャー』より）

国際的な出来事を予測するときは、対象の国同士のタイミングを同期させ、その時期に両国政府が通常とは異なる関係になっていなければならない。

結論

『ジ・アザー・ヒストリー』のなかで、リンジーは定説の「因果関係」に疑問を呈し、彼が独自に観察した時間のインターバルを紹介している。これはサイクル論と似た点もあるが、彼の歴史に対する見方と同様で、サイクル論よりもはるかにユニークな手法である。この本で述べられている手法は、リンジーがこれを用いて株式市場の予想――これも不可能と思われている予想のひとつ――で成功しなければ、簡単に見すごされていたかもしれない。本章で紹介したのはほんの一部であり、実際には読者を納得させるのに十分、というよりもむしろ多すぎるくらいの例が紹介されている。『ジ・アザー・ヒストリー』はすでに絶版になっているが、MTA図書館（テクニカルアナリスト協会の図書館）などで所蔵されている。

第2部

Three Peaks and a Domed House

３つのピークとドーム型の家

第3章
ある現象

The Phenomenon

「トレンドが長く続かず、よく反転する時期もある。そのようなときアナリストは認識できるパターンがない不規則なマーケットでトレンドの変化を予測することはできないと考える。しかし、私の研究ではでたらめに見える動きのほとんどが同じパターンに従っている。これから紹介する２つの形は、最古の記録以来、何度も繰り返し見ることができる。ざっと集計してみたところ、マーケットは過去150年間のうち最低でも60％はこのパターンに従っている」――ジョージ・リンジー

ジョージ・リンジーは1968年にこの概念を紹介したあと、1970年のニュースレターに「３つのピークとドーム型の家」という文を載せた。このニュースレターは、ほかの号と共に『エンサイクロペディア・オブ・ストック・マーケット・テクニックス』（Encyclopedia of Stock Market Techniques）に掲載されている。

このモデルをすでに知っている人は、本書の説明には何かが足りないことに気づくだろう。リンジーは、パターン内の異なる波動に番号を付けていた。しかし、1970年のニュースレターには、この番号を振ることについて「３つのピークとドーム型の家」は厄介で、生徒にと

ってもなかなか理解しづらいとも書いている。実はリンジー自身も神聖なニュースレターで紹介したはずのこの番号を振ることをあまり使っていなかった。そして、わずか２年後の1972年５月15日のニュースレターで、彼はもっと少ない数を使ったシステムに変更しているのである。本書では、何回もモデルの番号を参照しなくてもよいように、この番号システムを使わずに言葉で説明している。

リンジーは、自分のモデルを適用する株式指標について明確な意見を持っていた。彼は1969年に作成した「１年後――３つのピークとドーム型の家のあと」と題されたパンフレットに次のように書いている。「少数の優良株で構成された平均株価は、総合的な指数よりも常に明確な動きを示している。新しい銘柄は不安定な状態にあることが主な理由である。構成銘柄が少ない指数は、新しい銘柄が組み込まれれば古い銘柄は外され、銘柄数が常に変化している。それに比べて、ダウ平均株価の構成銘柄は安定している。ちなみに、ダウ平均が代表的な指数ではないという議論は適切ではない。もしマーケットの本当の水準を知りたければ、もっと幅広い銘柄を組み込んだ指標を見ればよい。しかし、未来を予想したければ、ダウ平均かニューヨーク・タイムズ工業株平均を使うべきだろう。実際、アナリストのなかには、わずか10～12の敏感な銘柄や影響力が大きい銘柄で構成された指標を使って非常に信頼できる結果を出している人もいる。ちなみに、NYSE指数（ニューヨーク証券取引所指数）は予測においてはほとんど価値がない」

本章の冒頭で紹介したリンジーの言葉には、「ざっと集計してみたところ、マーケットは過去150年間のうち最低でも60％はこのパターンに従っている」という大胆な発言が入っている（リンジーはこのような言い方をよくする傾向がある）。もちろん、過去150年間のダウ平均の動きの60％で「３つのピークとドーム型の家」が形成されているわけではない。彼が主張しているのは、ブル相場の天井とベア相場途上での大きな戻り（周期的なブル相場）での60％でこのパターンが見られるということなのである。「大きな上昇相場のほとんどは、３つのピークとドーム型の家に似たパターンで終わる。そのうちのいくつかは理想的な形になる。しかし、いくつかの天井はこのパターンにまったく当てはまらない。1909年や1937年の天井の前後を見ると、想像が膨らむ」

リンジーがニュースレターを発行する150年前といえば1820年で、これはダウ平均が始まった1896年よりもはるかに前である（ダウの前身でチャールズ・ダウが1884年に作った指数よりも前）。リンジーは、「1897年まではダウ20種平均を使い、そのあとはダウ工業株30種平均を使っている」と書いている。ダウ20種平均は鉄道株平均指数で、もともとは11の鉄道関連銘柄から始まって、それが1896年にはダウ平均として20銘柄に増えた。また、1965年にリンジーが執筆した「トレーダーのためのタイミング手法」というニュースレターには、1861～1885年にかけて代表的な７つの銘柄の日々の株価の平均値を使っていると書いてある。それでも41年分足りないが、いずれにしても彼は1890年以降の例しか紹介していない。

特徴を探す

リンジーは、1893年７月26日と1910年７月26日に始まった非常に明確なパターンから「３つのピークとドーム型の家」の着想を得たと書いている。２つのパターンは、1895年９月４日と1912年９月30日にそれぞれピークを迎えた。本章では「３つのピークとドーム型の家」の構造とその主な特徴について紹介する。もし読者がこれを深く詳細に知りたいのであれば、この単純だが極めて重要な特徴についてしっかりと理解しておいてほしい。このパターンは、表面上はブル相場の終わりを探す方法だが、ブル相場の天井を探す以外にも幅広く利用できる。これが見つかれば、上昇相場にも利用できるのである。パターンが完成する前に利益を上げるためには、３つのピークとドーム型の家のパターンが失敗パターンかどうかを見分けることが不可欠となる。リンジーによれば、「これらのパターンは長期間続くため、早い段階で見つけることができればだれでも有利に使うことができる」。

また、リンジーは「手順は複雑だが、これらの動きの発端を事前に予測することができる」とも書いている。残念ながら、その「複雑な手順」の説明はなく、だれかに話してでもいないかぎり、彼がお墓に持って行ってしまった。ただ、幸運にもこのパターンの主な特徴を知っておけば、複雑な手順がなくてもパターンが終わるはるか前の段階でこれを見つけることができる。このパターンの長所は、その単純さにある。

図3.1は、３つのピークとドーム型の家の理想的な価格パターンを示している。図の左側に３つの明らかなピークがあり、そのあと売られて３つの底を形成する波がある。ドーム型の家は、３つの波の下落以降（**図3.1**の中央から右側）のすべてを指し、最後に３つのピークとドーム型の家のパターン全体の安値まで達する大きな下落も含まれている。図全体の主な特徴は、価格が急速に上昇しても短期間しか継続しないことで、短いスパートの合間はしばらく揉み合い（横ばい）が続く。急激な上昇のあと長い揉み合いになるのはこのパターンの特徴と言える。パターンを探していると、リンジーが言う急激な上昇ではなく、明らかに上昇の波をブレイクするような上昇に飛びつきたくなる。しかし、ほかの部分が間違いなく３つのピークとドーム型の家を示唆していると思えないかぎり、このような上昇の「波」に惑わされてはならない。マーケットが長い間横ばいになっているときは、むしろほかの３つのピークとドーム型の家のパターンの兆候がないか調べてみるべきだろう。このパターンで価格が上昇するのは全体の約半分で、残りの半分は横ばいになっている。

図3.1　3つのピークとドーム型の家の理想的な形

リンジーは次のように書いている。「3つのピークもドーム型の家も、1本の水平の線を何度も上や下へと交差することによって区別できる。ただし、これらの上下の動きは長くは続かない。いくつかの爆発的な動きはあるが、その合間は比較的狭いレンジで推移する。これらの特徴から、パターンが始まってすぐにこれを認識できることが多い。また、パターンの形成が始まると長く続くため、予想的な価値もある」

リンジーは、ベア相場途上の大きな戻りのパターン（周期的なブル相場の上限）と、長期的なブル相場で天井を打つパターンを区別している。

「典型的な3つのピークとドーム型の家は、ベア相場の底から始まる。そして、そうなったときのパターンの最高値は、その前のメジャーなブル相場のトップと同じにはならない」

ただ、これは3つのピークとドーム型の家がブル相場の天井付近よりもベア相場の底付近で形成されることが多いという意味ではない。彼は、ベア相場の底付近から上昇して始まる形のほうが、ブル相場の高値付近におけるパターンよりも「典型的な」構造だと言っているのである（第４章「３つのピーク」と第５章「ドーム型の家」参照）。そして次のように書いている。

「３つのピークとドーム型の家のパターンは、長期的な上昇相場の途中で形成されることもある。その場合は、ドーム型の家の天井がブル相場の高値になることが多い」

「このパターンがメジャーなブル相場の最後のほうで形成されると、ベア相場の底付近で形成された場合に比べて長く続かないうえ、左右対称になる確率も低い」

このようにして完成したドーム型の家は、四角形の建物に丸い屋根という形になっているはずである。ドーム型の家は、**図3.1**の左側の３つのピークと３つの下落の波のあとに小さなベース（揉み合いの時期）が形成されるところが始まりで、そこからの急上昇が「１階の壁」と呼ばれている。

この「１階の壁」のあとは５つの波の反転パターンで、それが急上昇を確定する。５波が反転する部分は「１階の屋根」と呼ばれている。リンジーは、屋根の５つの反転が３カ月以上続けばほとんどの場合はドーム型の家が形成されると書いている。

「１階の屋根」のあとで再度急上昇する部分は「２階の壁」と呼ばれ、そのあとは小さなヘッド・アンド・ショルダーズが形成される。この円屋根に似たパターンが３つのピークとドーム型の家の上限となる。このとき、左右のショルダーを結んだ水平の線が、２階の屋根の高さだと考えてほしい。そして、円屋根のあとは、パターンの起点まで下落するが、普通は途中で１回以上反転する（最後の右のショルダー）。ちなみに、１階の壁は最後の右のショルダーからの下落とバランスを取っており、１階の屋根からの上昇は円屋根からの最初の右のショルダーへの下落と釣り合っている。これが四角い家であり、天井のヘッ

表3.1　3つのピークとドーム型の家のパターン

ピーク1	ピーク2	ピーク3	円屋根
[1]10/18/1910	2/4/1911	6/191911	9/30/1912
10/22/1915	12/27/1915	3/16/1916	11/21/1916
[2]2/19/1918	5/15/1918	10/18/1918	11/3/1919
[2]6/5/1919	7/14/1919	8/12/1919	11/3/1919
[2]9/11/1922	10/14/1922	11/8/1922	3/20/1923
[2]2/5/1929	3/1/1929	5/4/1929	9/3/1929
[2]11/19/1935	3/6/1936	4/4/1936	3/10/1937
[2]7/10/1944	3/6/1945	5/29/1945	5/29/1946
[2]11/17/1945	12/10/1945	2/2/1946	5/29/1946
7/24/1947	10/20/1947	12/31/1947	6/15/1948
9/13/1951	1/22/1952	3/31/1952	1/5/1953
[2]7/6/1955	9/23/1955	4/6/1956	7/12/1957
4/6/1956	8/2/1956	12/31/1956	7/12/1957
8/3/1959	1/5/1960	6/9/1960	12/13/1961
11/18/1964	2/4/1965	5/14/1965	2/9/1966
5/5/1967	9/25/1967	1/8/1968	12/3/1968

ドーム型の家と3つのピーク

円屋根	ピーク1	ピーク2	ピーク3
[1]6/17/1901	4/24/1902	9/19/1902	2/16/1903
[3]1/19/1906	10/9/1906	12/10/1906	1/7/1907

1．ベア相場の安値から始まるパターン
2．不規則なタイミング
3．ブル相場の高値から始まるパターン

ド・アンド・ショルダーズが丸い屋根である。

最後に、3つのピークとドーム型の家は1つの上昇相場のなかだけでなく、ベア相場でも形成されることがある。言い換えれば、マーケットの下落ではなく、上下しているなかでこの形ができることもある。ただ、ベア相場にできた場合は、不規則なタイミングになる。**表3.1**に、タイミングが不規則な3つのピークとドーム型の家が形成された例を挙げておく。

3つのピークとドーム型の家の各部分についてはこのあとの章で詳しく検証していく。しかし、その前にリンジーが書き残した2つの簡単な概念について見ておこう。

均等の原則

読者もすぐに気づくと思うが、実際の3つのピークとドーム型の家のパターンを検証してみると、「理想の形」や「理想の時間枠」や「理想のカウント」には必ずしもならない。そこで、リンジーはアナリストの助けになるように均等の原則を使って現実の世界の不確実性を調整している。ただ、彼はこの原則についてほんのわずかしか触れていない。まずは定義を見ておこう。

「もしあるパターンが通常の期間よりも短ければ、次のパターンは長めになって全体の期間を均等にしようとする」。何が「通常の期間」かを判断するためには、調査が必要になる。リンジーは3つのピークが「通常」8カ月であることを明言しているため、それが8カ月よりも長かったり短かったりするとドーム型の家もそれに合わせて調整しなければならない。前述のとおり、リンジーは5波の反転が3カ月以上になれば、ほとんどのケースでドーム型の家が形成されるとしている。彼は、5波の反転（1階の屋根）に最短の期間や最長の期間があるかどうかについては書いていないため、約3カ月ということしか分からない。また、ブル相場の最後の天井を判断するために、「カウントの長さ」を調整するとしても、3つのピークが1カ月短いからドーム型の家に1カ月余計に足すというような簡単なことではない。ただ、幸いこれはあまり複雑ではない。このことについては、第5章で説明する。

3つのピークの前にドーム型の家がある場合

これまでに、3つのピークの前にドーム型の家ができるパターンも観察されている。これらのケースでは、分離線（第4章参照）がドーム型の家のあとに来る。「ベア相場の底からドーム型の家が始まるときは、しばらくして必ず３つのピークがあり、そのあと大きな下落がある。一方、ドーム型の家でメジャーなブル相場で高値を付けたあとに３つのピークが続くケースはほとんどない。３つのピークのあとでドーム型の家がある場合、完璧な戻りはしばらくは起こらないが、いつかは必ずある」。この反転モデルは比較的まれだが、もしあれば読者も気づくだろう。ちなみに、リンジーが紹介しているいくつかの反転モデルの例は、1938年４月～1940年６月に形成されたパターンを除くと19世紀最後の10年と20世紀の最初の10年に集中している。これらの例については**表3.1**を参照してほしい。

第4章

3つのピーク

Three Peaks

「チャート全体で見たこの動きの主な特徴は価格が急上昇することだが、それは長くは続かない。一時的な急騰の合間は、長い間揉み合いか横ばいが続く」――ジョージ・リンジー

「分断された下落」（詳細は後述）があとに続いていれば、3つのピークは簡単に見つかる。3つのピークのパターンは一度理解すれば、あちらこちらで見つかるようになる。「これはものすごくテクニカルなものではない。いくつかの形をしっかりと覚えたら、あとは新たな視点でチャートを見ればよい」。3つのピークのパターンを見つけたときは、それが3つのピークとドーム型の家の特徴を備えているかどうかを確認しなければならない。本章では、3つのピークの実例を見ることで、過去にあった変形パターンも紹介しておきたい。

特徴と変形パターン

図4.1には左側に3つのピークがはっきりと見え、そのあと3波で急落している。通常、3つのピークのパターンはベース（この図では示していない）から始まるが、リンジーはパターンを探すことにおい

図4.1　3つのピーク

てベースは重要ではないと明言している。価格はベースの底から急騰して最初のピークに達する。リンジーは、天井はむしろ平らになっていると書いている。

「3つのピークのそれぞれのトップは、通常は同じ価格レンジにある。正確な水準についてはさまざまなパターンがあるが、たいていは明らかに左右対称になっている」。「同じ価格レンジ」というのは相対的な言い方で、これは時間枠によって変わってくる。3つのピークとドーム型の家だけを見ていると、3つのピークは「同じ価格レンジ」には見えないかもしれない。しかし、3つのピークとドーム型の家だけでなく、その前から始まる上昇相場全体を見れば、「同じ価格レンジ」の意味は違ってくる。3つのピークが完成すると、短い上昇のあとにもかかわらず価格は思った以上に反応する。通常、ピーク1とピーク2のあとの押しの深さはほぼ同じ値幅になる。

リンジーが最初に挙げた3つのピークとドーム型の家のパターン

図4.2　3つのピーク（1946～1948年）

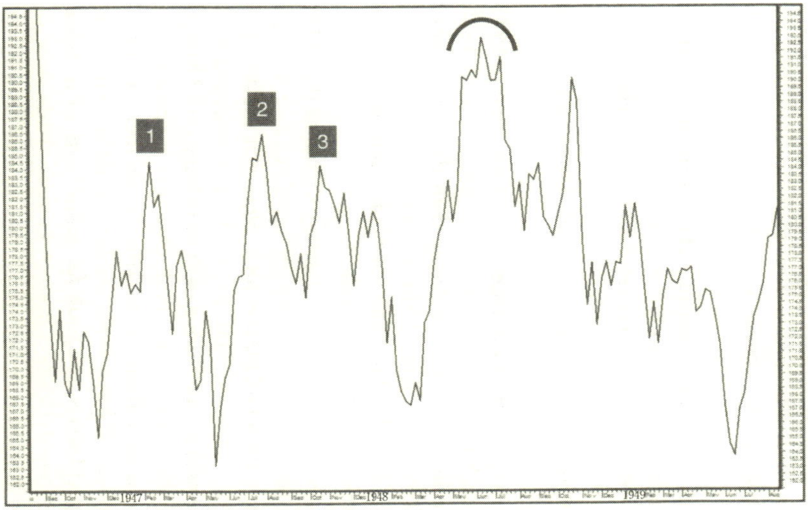

の例は、1946年10月に付けたベア相場の安値から始まった（**図4.2**）。ピーク1（1947年2月8日）からピーク3（1947年10月10日）までの期間は、標準的な8カ月になっている。この例では、ピーク2がピーク1とピーク3よりも高くなっている。

1947年の3つのピークは、ピーク1からの下落が変則的になっている。ピーク1のあとの下落は、ピーク2からの下落よりもはるかに深いのだ。原因は、ピーク1がフラクタルになっていることにある。この現象については、本章の後半で詳しく説明する。

リンジーは、ブル相場の高値で形成された3つのピークとドーム型の家の例として**図4.3**を挙げている。これは1966年のブル相場の高値圏でできたもので、ピーク1の前には9月末から11月初めにかけて短い揉み合いがあり、1965年5月14日のピーク3の上昇の前には2月と3月の大部分を通じた短い揉み合いがあった。「マーケットがこれほど長い期間横ばいにあるときは、3つのピークとドーム型の家のパ

図4.3　3つのピーク(1964～1966年)

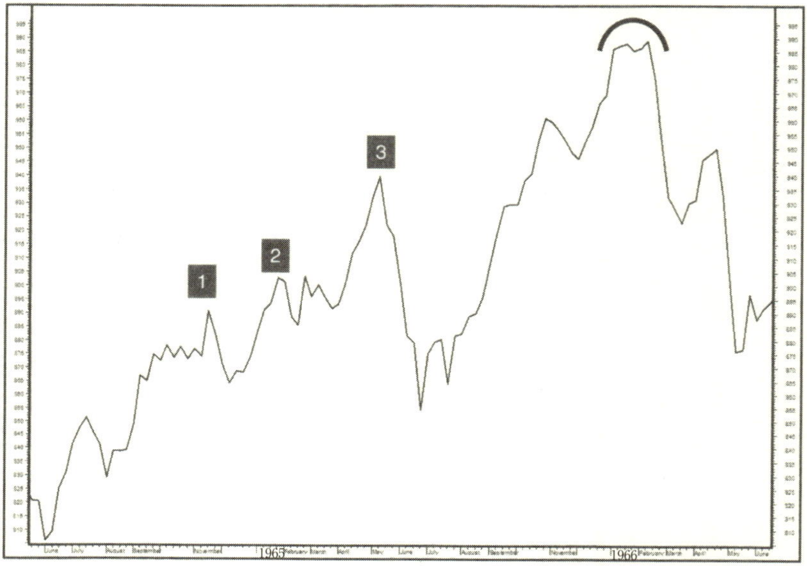

ターンを探す」。リンジーは、このときのピーク1からピーク3までは最短期間である6カ月だったと書き添えている。「このパターンの典型的な長さは、ピーク1の高値からピーク3の高値までが約8カ月である。6カ月未満や10カ月を超えることはけっしてなく、たいていは7～8カ月の間のどこかになる」。また、9月末に揉み合いが始まったとき（ピーク1の前）からピーク3までは8カ月で通常の長さだったとも記しているが、それ以上の説明はない。しかし、これらの例からはさまざまな期間のパターンがあることが分かる。アナリストは、幾何学的な形を分析するとき柔軟に考え、ときには想像力を働かせなければならない。特に柔軟性が求められるのは、ピーク1とピーク3の期間が短い（6カ月未満）場合で、そのときは前述したとおりピーク3が「平たい形」（ラウンドトップ）になっているかどうかを見てほしい。もしピーク3のラウンドトップの最高値の日（ピーク）のあとトレーディングレンジが形成され、その終わりで価格が急落したと

きは、ピーク１から急落が始まったポイントまでの期間を測れば最短期間の６カ月になるかもしれない。さまざまな期間の計算方法については、第３章の「ある現象」を参照してほしい。

フラクタル

３つのピークとドーム型の家は、メジャーな３つのピークとドーム型の家の１つのピークのなかにできることもあり、リンジーはこのようなパターンをマイナーな３つのピークとドーム型の家と呼んでいる。現代で言うところのフラクタルである。**図4.4**に、1946〜1948年にかけて形成された３つのピークとドーム型の家のピーク１にできたフラクタルを拡大してある。水平の線は、マイナーな３つのピークとドーム型の家のピーク３のあとの分断された下落がピーク１とピーク２のあとの下落よりも深く下げて３つのピークとドーム型の家の条件を満たしていることを示している。分断された下落についてはあとで詳述する。また、このあとの形をヘッド・アンド・ショルダーズ・トップの円屋根とみなすこともできるが、１階の屋根を形成する５波での反転が間違いなく欠けている。円屋根のあと、３つのピークとドーム型の家のパターンに従って価格は最初の水準（安値）まで下げた。

「メジャーな３つのピークとドーム型の家の３つのピークのどれでも、マイナーな３つのピークとドーム型の家のドーム型の家となり得る。ただ、通常そうなるのはピーク１やピーク２よりもピーク３であることが多い」

３つのピークとドーム型の家でトレードする場合は、フラクタルの可能性を知っておかなければならない。３つのピークとドーム型の家は、違うパターンのなかに形成されても、そのあとには比較的急激に下げることがある。つまり、３つのピークとドーム型の家のパターンがフラクタルであれば、下落を警戒する必要がある。１つのピークの

図4.4　3つのピーク(1946～1948年)

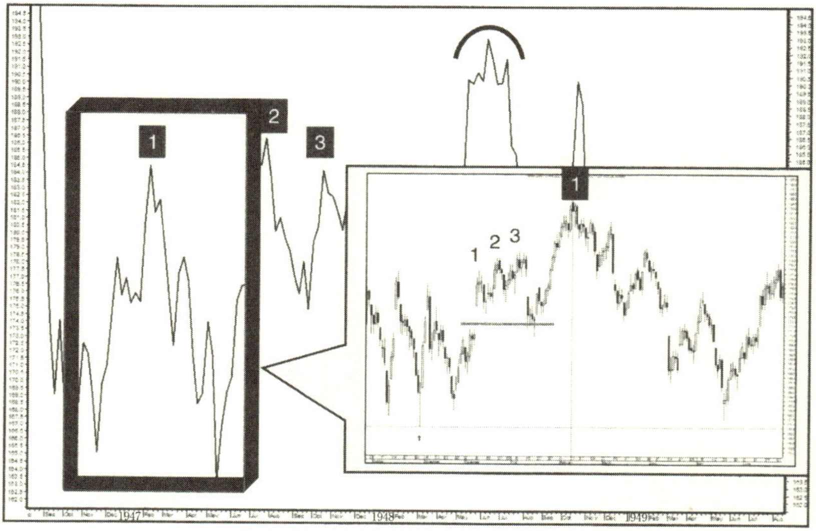

なかに3つのピークとドーム型の家のパターンができると、前のピークからの下落を下抜かなければならないため、あとで大きな下落があるという予測を立てられる。フラクタルを認識しておけば、大きな下落を避けられるだけでなく、それを利用することもできる。

分断された下落

ピーク3のあと、かなり急な下降トレンドが始まる。3つのピークとそのあとに続くドーム型の家を分けるこの下落は、分断された下落と呼ばれている（**図4.5**）。この分断された下落は3波の下落で、通常は最低でも2つの下降波で構成されている。2つ目の下降波の安値は、ピーク1からの安値とピーク2からの安値よりも少なくともどちらかの安値よりも必ず安くなり、たいていは両方を下回る。もしどちらの安値も下回らなければ、それは分断された下落には該当しない

図4.5　分断された下落

ため、それまでの動きは3つのピークのパターンではなく、単純に3つのランダムなピークが形成されただけということになる。**図4.2**と**図4.3**の分断された下落は、どちらもピーク3の直後にあるため、簡単に見つけることができる。ちなみに、**図4.2**の分断された下落が下回ったのはピーク2からの安値だけで、ピーク1からの安値は下回らなかったが（フラクタルによってピーク1のあとに大きく下落したため）、**図4.3**はピーク1とピーク2の両方を下回った。

注意――平均以下の上昇率で上昇相場が1年以上続いた場合は、その終盤における分断された下落がピーク1からの安値とピーク2からの安値を下回らなくてもよい。この例外については、第6章「3日方式」で説明する。

結論

分断された下落が前のピークの安値を下回ると、上昇が衰えているように見える。そうなると、トレーダーや投資家はさらなる下落を予測して手仕舞うかもしれないし、弱気のヘッド・アンド・ショルダーズ・トップだと思うかもしれない。しかし、3つのピークとドーム型の家のパターンを知っていれば、ヘッド・アンド・ショルダーズ・トップの失敗に惑わされることはない。3つのピークとドーム型の家のパターンを知っていれば、経験不足のマーケット参加者でさえピークのなかのフラクタルに気づくだけでなく、3つのピークとドーム型の家が形成されつつある可能性を考え、注目しているピーク内でこれから起こる下落に備えたり、それを利用したりできる。それだけでなく、再度仕掛けるべきときが近づいていることを理解し、3つのピークの可能性があるパターンの観察を続け、近づく分断された下落を避けたり利用したりして、次のブル相場で最大の上昇を見せる前に、仕掛けるための心の準備を整えておくこともできる。しかし、3つのピークとドーム型の家を知らないトレーダーや投資家は、一見、類を見ないボラティリティに疲れ果ててしまう。第5章「ドーム型の家」では、ドーム型の家のパターンとその構成要素を検証していく。

第5章 ドーム型の家

A Domed House

「最も典型的な３つのピークとドーム型の家のパターンはベア相場の底から始まる。そして、その場合の３つのピークとドーム型の家の最高値はその前のメジャーなブル相場の天井とはけっして同じにならない。ちなみに、過去のマイナーなブル相場が３つのピークとドーム型の家をいつも形成したわけではないが、ほとんどはそうだった」
――ジョージ・リンジー

ドーム型の家のパターンは、分断された下落のあとに始まる（**図5.1**）。３つのピークのパターンと同様、「ドーム型の家も１本の水平線を何度も上下に交差する上昇と下落で区別することができる。ただ、この動きはあまり長くは続かない。いくつかの爆発的な動きはあるが、その合間は比較的狭いレンジで上下することが多い」。２つのパターンについてこの簡単な条件を覚えておけば、３つのピークとドーム型の家の失敗パターンに惑わされずにすむ。本章では、ドーム型の家のパターンをその構成部分に分け、それぞれの特徴について述べるとともに、パターンを探したり確認したりするために波の数やその数え方も説明する。

図5.1　ドーム型の家

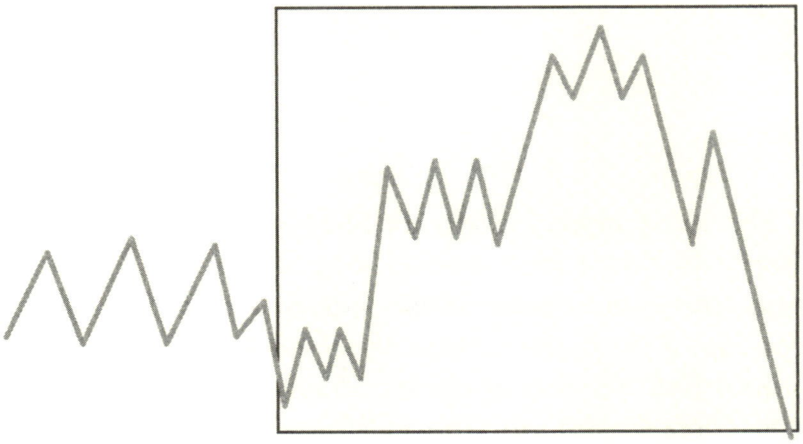

ベース

ドーム型の家は、何らかのベース（揉み合い）から始まる。ベースで重要なのは対称かそうでないかを区別することである。条件を満たすベースは、対称でもそうでなくても分断された下落の安値から上昇していき、そのあと二次的な押し目が2つある。リンジーは、押し目は1つでは足りず、2つ必要だと明言している。ただ、押し目の数がいくつかという点はある程度恣意的で、それは次の例にも見ることができる。

リンジーがベースの性質（対称かそうでないか）を重視しているのは、ベースの分類がパターンの開始日を決めることになるからである。また、彼はベースが「標準」よりも長いか短いかにも注目している。残念ながら、リンジーは標準の長さがどれくらいかを明らかにしていないが、彼が挙げた例から推測して1カ月ならば「標準」よりも短く、

図5.2　対称のベース

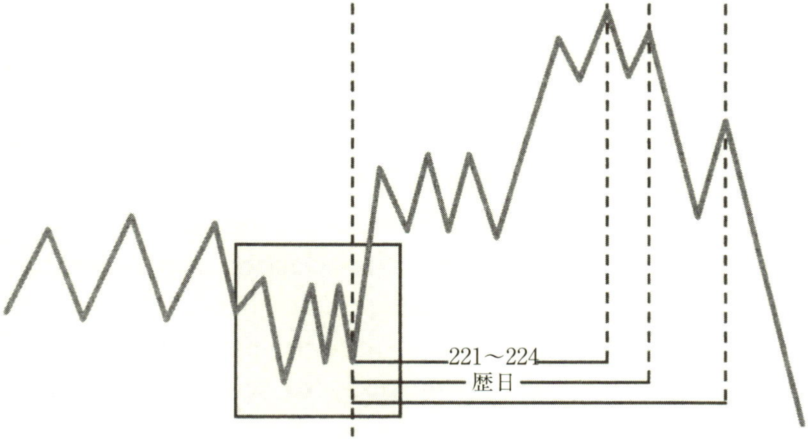

約２カ月ならば「標準」と考えてよさそうだ。ブル相場の最終日を予測するための数え方は221～224暦日で、誤差は約３日である。つまり、開始日から221～224日後は、ブル相場の天井の正確な日か、その近くの分かりやすいポイントと予測できる。ブル相場の終わりをほぼピンポイントで示すことができる３つのピークとドーム型の家の優れた能力と、これを発見したリンジーの天才ぶりは言うまでもない。

リンジーは、対称なベースについて一度も定義せず、チャートのなかでベースが対称かそうでないかを識別していた。**図5.2**は対称なベースの理想的な形で、ここに示してあるとおり分断された下落のあと２つ目の押し目をパターンの始まりと考える。

もし２つ目の下落（ベースでの最後の下げ）が浅すぎて（上昇ベース）対称と言えなければ、そこから数えることはできない。その場合は、全体の長さをベースの底、つまり分断された下落の底から数える。ちなみに、上昇ベースが対称である場合は、２つ目の下落から数え始

図5.3　対称のベース

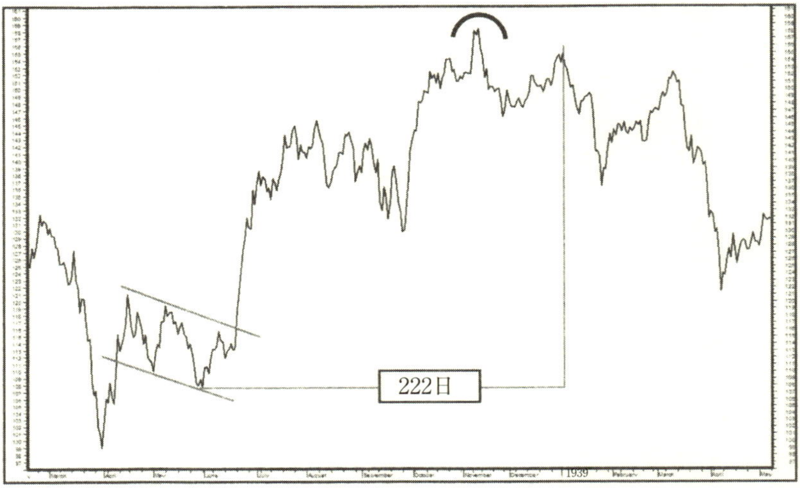

める。

図5.3は1938年のドーム型の家で、このなかにリンジーが認める対称のベースが含まれている。ベースが下降していても、２本の平行線のなかに収まって対称になっていることに注目してほしい。

数え方

ベースの最後（１階の壁の安値）からドーム型の家の高値までの標準的な期間は、221～224暦日（７カ月と８～10日、または32週間）である。期間を数えるときは取引日ではなく、暦日を使うことを覚えておいてほしい。リンジーの「ルール」にはどれも例外があるが、なかでも数え方に関するルールは例外や恣意的なケースが特に多い。リンジーがルールの例として挙げたケースにも例外が混じっており、どれがルールなのか判断が難しいものもある。そこで、これから紹介するルールも、どちらかと言えばおおよその目安か経験則だと考えてほしい。ちなみに、リンジーは20世紀のマーケットで天井を付けた例を数例挙げているが、そのなかに彼の数え方の条件を満たすものはひとつもなかった。これらの天井は、第３章「ある現象」のなかの**表3.1**に載っている。「長さが不規則な動きは、３つのピークとドーム型の家の途中で起こる。このような場合は、日柄ではなくチャートの形で考える」。第３部では、リンジーのタイミングモデルを紹介する。リンジーは、これを使って一見矛盾するケースを説明している。ただ、それでも次の経験則を読み飛ばすのは大きな誤りで、これらを知っておくだけでなく、積極的に探してリンジーのタイミングモデルが認めた数え方かどうかを確認すべきだろう。リンジーは次のように書いている。「マーケットで同じことは二度と起こらない。どのような理論でも正しく使うためには、各パターンについて過去のすべての例を知っておかなければならない。そうすれば、変形パターンに惑わされることはない」

普通よりも長いドーム型の家

リンジーは、普通よりも期間の長いドーム型の家のパターンの例を１つしか挙げていない（**図5.4**）。このパターンには1968年12月に形成された円屋根が含まれており、ベースの底から円屋根の天井までに255日が経過している。このように期間が長引いたことについて、リンジーは２つの理由を挙げている。

１．通常の上昇ベースではなく下降ベースだから

ドーム型の家が通常の221～224日よりも長い理由のひとつは、これが下降ベースの変形だからだとリンジーは書いている。ただ、読者は**図5.3**も下降ベースなのにドーム型の家は普通よりも短く、もちろん

図5.4　期間が長いドーム型の家

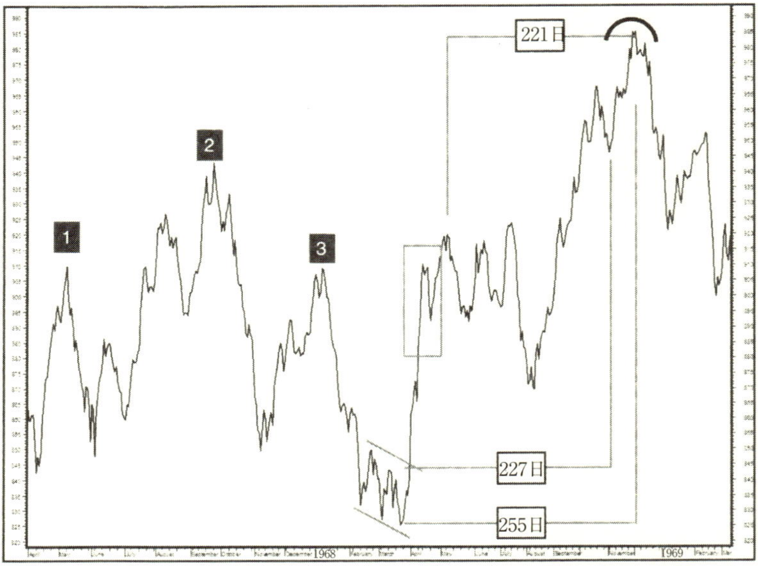

図5.4よりも短いことに気づくと思う。しかし、彼はこの明らかな矛盾については述べていない。ちなみに、**図5.3**はドーム型の家のあとに３つのピークがある反転パターンになっている。

２．ベースが通常よりも短いから

リンジーは、「均等の原則」によって、ベースが通常よりも短ければドーム型の家は通常よりも長くなると書いている。このケースは、ベースが37日になっている。「均等の原則によれば、次の動きはおそらく通常よりも長くなるだろう」

１階の壁の安値から227日を数えると、目標値が円屋根の左側のショルダーの安値と正確に一致することは注目に値する。また面白いことに、１階の屋根の高値（５波の反転の始まり）から221日後は、天井を形成する日（12月10日）に当たる（天井が形成されるなかで「引力の中心」を探すのはリンジーのお気に入りのテクニックで、これについては第３部「リンジーのタイミングモデル」で詳しく見ていく）。これらの数え方は、ブル相場の天井近くで簡単に探したり定義したりできるポイントの一例となっている。

通常よりも短いドーム型の家

リンジーは、通常よりも短いドーム型の家のパターンについても述べている。彼は、読者が知っておくべき２つの不規則な例を挙げている。

１．１階の屋根がないケース

もしドーム型の家の長さが通常よりも短ければ、カウントは最高値のあとにできた２つの右のショルダーの高値のどちらかで終わることが多い。**図5.5**では1947年のベースが対称なのに、カウントは1948年の右のショルダーまで続いている。リンジーはこれについて、５波の反転が予想できるならばその分の７日間がずれるため、パターンが終わる前に通常よりも短いドーム型の家を疑うべきだと書いている。ただ、彼は５波の反転をどのようにしていつ予想すればよいかは説明していない。１階の壁を構築するのにかかる期間は、かなり幅がある。あとから考えれば、１階の屋根（５波の反転）がないことで、ドーム型の家が通常よりも短くなることは想像がつく。「５波の反転が形成されなかったことは、これが極めて短いドーム型の家だということを示唆していた」

図5.5　短いドーム型の家

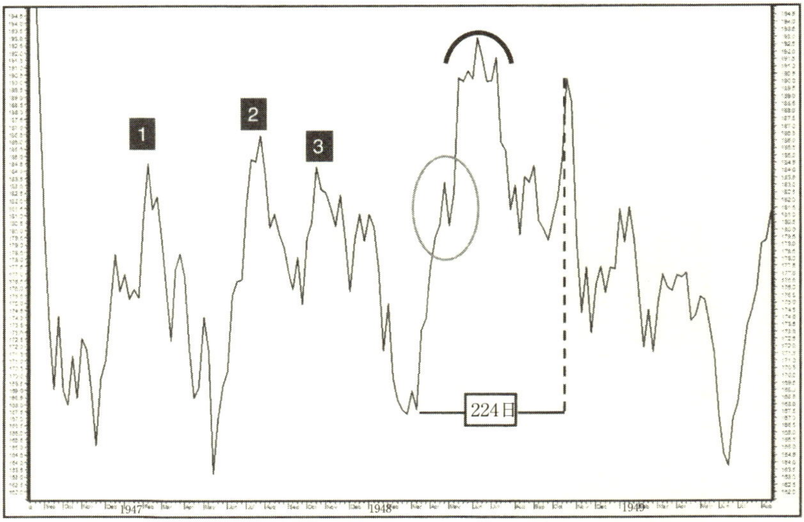

2．通常のブル相場の天井でできるパターン

本章の冒頭で「最も典型的な3つのピークとドーム型の家のパターンはベア相場の底から始まる」というリンジーの言葉を紹介したが、これは3つのピークとドーム型の家の大部分がベア相場の底から始まるという意味ではない。むしろ、ここではベア相場の底から始まる3つのピークとドーム型の家のパターンがリンジーのルールを忠実に守っていることに注目し、このパターンと通常のブル相場の最後にできるパターンを比較してほしい。「メジャーなブル相場の最後から始まるパターンは、通常、ベア相場の底から始まるパターンほど長くは続かないうえ、あまり対称でないことも多い」

ブル相場の天井にできたドーム型の家がベア相場の底から始まったものよりも長く続くことはほとんどないため、ドームの天井までの長さは分断された下落の底か、そのさらに前の安値（ピーク2のあとの

図5.6　１階の壁

安値や、ときにはピーク１のあとの安値）から測るときもある。

ここでも、「ルール」は、厳密な規則というよりも、むしろ「経験則」と言える。第４部「数え方」で紹介するリンジーのタイミングモデルは、どの数え方が正しいのかを判断するために必要な情報と自信を与えてくれる。「このような変形パターンは常にあると思ってほしい。予想するのは難しいが、根底にある原則を理解していれば、それが現れたときに簡単に識別できるはずである」

１階の壁

分断された下落のあとに続くベースが２つ目の押しで終わるか、安値を試すと、価格は短期間に急騰することが予想される。これがドーム型の家の１階の壁となる（**図5.6**）。１階の壁の安値から高値までの上昇は極めて強力で、垂直に近い。この壁が１つの波を挟んで２つ

図5.7　１階の屋根

の上昇波で構成されているように見えるときは、１階の屋根を形成せずにそのまま円屋根まで突き進んでいくときもある。このようなときは、ドーム型の家が通常よりも小さくなることを意味している。ここでもリンジーは、パターンが完成する前に屋根が完全に形成されるかどうかを判断する方法を説明していない。屋根が完全でないことは、あとにならないと分からないかもしれないが、屋根がない可能性もあるということは重要な情報として知っておくべきだろう。

１階の屋根

１階の壁が形成されたあとは、急上昇した価格水準を確定することになる５波の反転パターンが形成されるが、これが１階の屋根と呼ばれているものである（**図5.7**）。リンジーは、５波の反転が３カ月以上続くときは、ほぼ必ずと言ってよいほど、ドーム型の家を形成すると書いている。５波の反転を探すときは、価格がかなり長期にわたってほとんど上昇していない時期に注目してほしい。１階の屋根は、５回反転するトライアングルと似ている。そして、５回目の反転が終わると、それまでの上昇トレンドが再開される。

特徴

１階の屋根は、１階の壁ほど単純ではない。読者は、屋根の特徴だけでなく、これまで知られているアノマリーについても知っておくべきだろう。

屋根への上昇

リンジーは、「トライアングルのなかの上昇幅は両方とも同じ程度になることが多い」と書いている。この特徴は、３つのピークとドーム型の家の１階の屋根を探すときに大いに助けになる。屋根の形が予想と違っているときはなおさらだ。屋根が見つかると、そのあとの形については簡単にパターンの続きだと確認できたり、パターンとは違うと判断できたりする。**図5.8**は、1968年の天井にできた１階の屋根を拡大して示してある。このときは最初の下落がダマシになっている（これについては後述する）。１階の壁の高値が決まると、屋根の第１波が本格的に始まる。ここでは、第２波と第４波が同じ日柄になっていることに注目してほしい。この屋根でもうひとつ興味深いのは第５波の下げの深さで、この場所でここまで深いとアナリストは当惑するだろう。しかし、第２波と第４波（と思われる波）が同じ長さであることが分かっていれば、自信を持ってこのパターンの観察を続けられるだろう。第５波が急落したことを除けば、1968年の１階の屋根は、理想的な水平の形を保っている。

図5.8　屋根の上昇

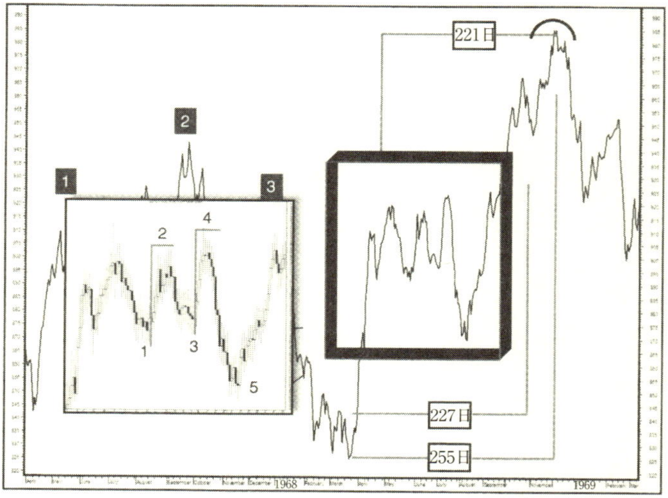

図5.8やリンジーの描いた理想的なチャートの屋根は水平になっているが、図5.3のように下がっている屋根も同じくらいある。それだけでなく、注意すべき変形パターンはほかにもある。

アノマリー

次の2つのアノマリーはよく起こるわけではないが、これを知って備えておけば将来有利だと言える程度には発生する。

屋根がないパターン

非常にまれだが、屋根が通常の5波ではなく、単に1回の押しや短期間の反発だけの場合もある。

前述のとおり、屋根がないことはドーム型の家が極端に狭くなるこ

図5.9　2階の壁

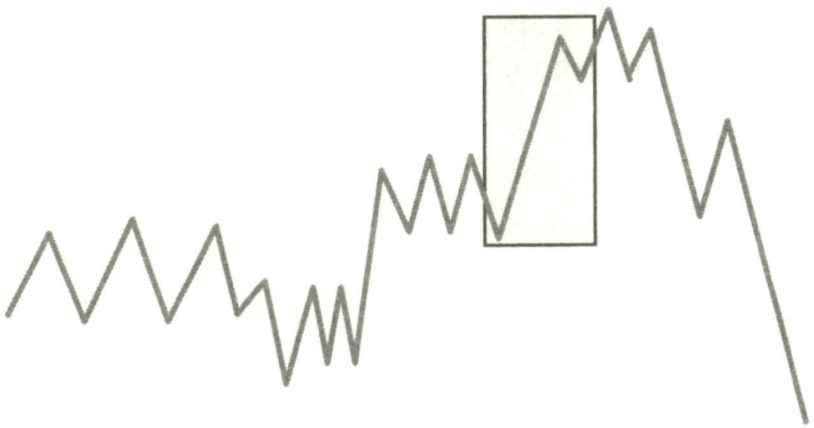

とを意味している。このような例は、1948年にあった（**図5.5**）。

ダマシでのスタート

ときには、１階の壁の高値に見えたところが実はそうでないこともある。壁が力強く上昇したあとに小さい押しがあることは珍しくないが、ついそれを屋根の高値からの最初の反転に数えたくなる。「これは多くのトライアングルやそれに似たチャートパターンの特性で、指標のチャートにも個別株のチャートにも見られる。もしトレーディングレンジの最初の下落（押し）が次の２つよりも浅いようならば、たとえチャート上では対称になっていたとしても、屋根の高値から反転した１回目には数えない」。**図5.3**と**図5.4**は、両方ともダマシのあとでトライアングルが始まっている。このように不規則なパターンはアナリストにとって頭痛の種だが、その可能性を知っておくことで不

図5.10　円屋根

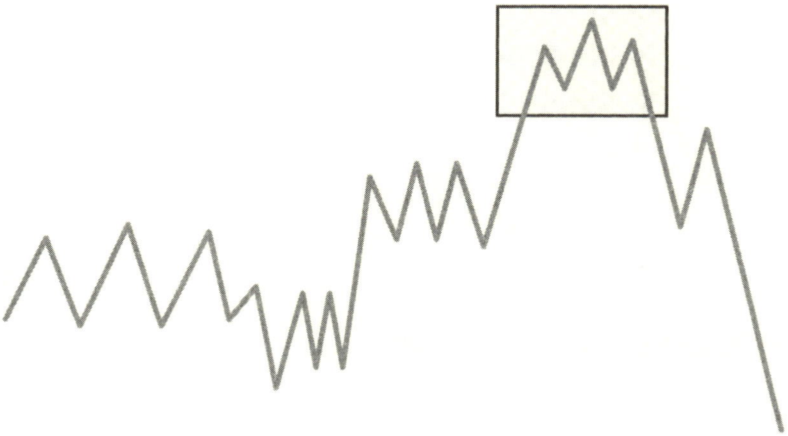

要なイラ立ちを避けることができる。

2階の壁

その後、1階の屋根から急上昇して2階の壁を形成する（**図5.9**）。2階の壁は、1階の壁と同様、急上昇することによって形成されるという性質がある。リンジーは、壁の「形成中」には出来高が多い日があるかどうかにも注目するべきだと書いている。それも壁の性質なのである。

円屋根と下落

1階の屋根からの上昇（2階の壁）が終わると、一度小さく押す。そのあとは再度上昇して新高値を付けることが予想される。「通常、メジャーな上昇相場の最後の上げ幅は（たとえ大商いだったとしても）、それまでの上げ幅よりも小さくなる。そうならないときは、マーケットはまだ天井ではない」。言い換えれば、上昇相場はその期間が長くなるにつれて上昇幅が小さくなっていく。新高値は維持されず、価格は再度下落してそれまでの利益を消し去る。最後に新高値を付ければ、価格は下落し始めるが、たいていは大きく下落する前にもう一度上昇して右のショルダーか２階の屋根を形成する（**図5.10**）。円屋根の左右のショルダーに引いた水平の線は、２階の屋根を示している。これがドーム型の家の円屋根、つまり建物の上の小さいドームに当たる。そして、家の円屋根に当たる小さなヘッド・アンド・ショルダーズが、３つのピークとドーム型の家の全体の上限になっている。

円屋根の右のショルダーのあとは、突然に下落する。そして、この大きな下落のあとに少し戻す。この２回目の戻しの高値は、１階の屋根と同じ程度になることが多く、そのことが１階の屋根の右側部分であることを示唆している。この戻りは、別のもっと大きなヘッド・アンド・ショルダーズと考えることもできる。その場合は、トライアングルを形成する１階の屋根が左のショルダーになっている。「１階の壁は、最後の右のショルダーからの下落とバランスが取れており、１階の屋根から円屋根への上昇は円屋根の右の最初のショルダーからの下落と相殺される。そのため、このパターンは四角い形になり、天井部分はヘッド・アンド・ショルダーズによって丸い形になる」

２つ目の右の低いショルダーのあと、価格はドーム型の家の起点と同じベースの水準まで下落する。「これまでのところ、ドーム型の家の２階の屋根まで上昇したものがいずれ元の水準まで下落するというルールに例外はない」。それまでの約２年強で上昇した値幅がいずれ消えてなくなるということを知っておけば、３つのピークとドーム型の家を知るメリットはあるし、利益機会にもつながる。もし円屋根の高値を見逃したとしても、そのあとの下落の大きさを考えれば空売りで利益を上げる機会は十分ある。ちなみに、その時点から下落がいつまで続くかは、３つのピークとドーム型の家の残りの期間を測れば簡単に分かる。

結論

1968年９月４日付のニュースレターのなかで、リンジーはドーム型の家を探すためのヒントを載せている。「1967年１月の上昇が、ドーム型の家かもしれないと気づいた方法を紹介しよう。このとき、騰落ライン、端株指数、出来高、モメンタムなどのマーケットのテクニカルな測定は素晴らしく強かった。これらすべてが、単なるベア相場での一時的な上昇ではないということを示唆していただけでなく、メジャーなブル相場が始まったことを示していた。上昇を始めてからまだ３週間しかたっていなかったが、ダウ平均は失速した。本物のブル相場がこれほど強力にスタートすれば、全体としては上昇を続けるはずで、今回のように急上昇（１階の壁の高値）の前後でこれほど長く足踏みはしないはずである。これは、強気のテクニカルポジションと、この早めに始まって長く続いている横ばいとの組み合わせのパターンである。こういうのは、ドーム型の家が進行中と考える以外に、この矛盾した動きを説明できない」。また、1972年８月16日のニュースレターには、最も重要な長期のインターバルとは、15年かそれ以上続くとも書いている。「ドーム型の家を完全に理解しておく必要がある」。15年にも及ぶインターバルについては、第４部で紹介する。

ジョージ・リンジーといえば３つのピークとドーム型の家が最も知られているが、それは説明調で変わった名前のせいだろう。多くのテクニカルアナリストがこの名前を知っているが、実際に使ったことがある人はほとんどいない。しかし、このモデルのほんのさわりだけでも知っておけば、投資家の多くは大きな恩恵を受けることができるはずである。最初は数え方がたくさんあって混乱するかもしれないが、リンジーがいくつかの例（**表3.1**）を挙げている。ただ、ここには数回の天井における基本的なモデルしか載っておらず、どのように数えるのかは書いていない。ただ、それでも３つのピークとドーム型の家は初心者でも結果を出すことができ、努力を重ねればさらなる結果につながる数少ない手法である。第３部では、独創的かつ単独で使えるリンジーのタイミングモデルを検証し、３つのピークとドーム型の家のパターンの正しい数え方を説明する。

第6章
3日方式

The Tri-Day Method

「３日方式という名前の由来は、最終的な底の水準を計算するのにわずか３日分の株価（３つの株価）しか必要ないことから来ている。この計算は、ブル相場の高値を付けたすぐあとに行うことができる」
――ジョージ・リンジー

リンジーは、３日方式（**図6.1**）について、1959年５月～９月に発行された一連のニュースレターのなかで説明している。このなかで、彼は３つのピークとドーム型の家を使ってベア相場の底の水準を算出する新しい手法を紹介している。

「３日方式」という名前は、ポイントとなる３日の株価だけで次の重要な安値の価格水準を予想できるということから付けられている。

●ポイントＦ（ピーク３のトップ）
●ポイントＧ（分断された下落の底）
●ポイントＮ（ドーム型の家のトップ）

まず、この３つのポイントから２つの値を算出する。

図6.1　3日方式

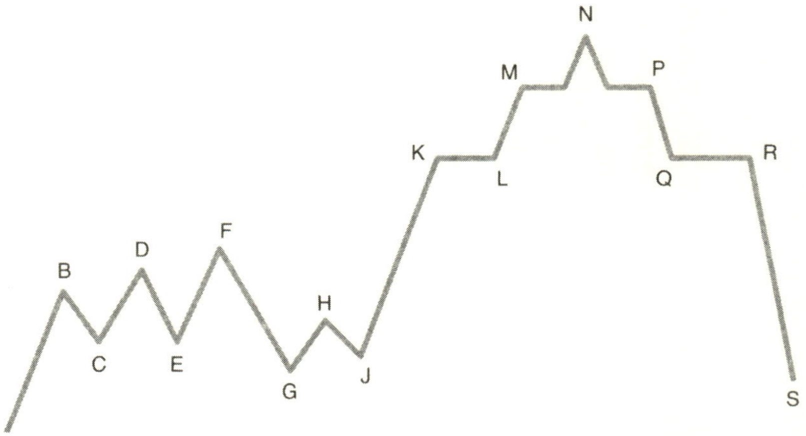

●F－G　ピーク３から分断された下落までの下落幅
●N－G　分断された下落からドーム型の家のトップまでの上昇幅

スイングオーバーレシオ

次に、スイングオーバーレシオ（SO）として、（N－G）÷（F－G）を計算する。この比率は、乗数として使う。もしスイングオーバーレシオが２未満ならば算出結果の値をそのまま使い、２以上ならば２になる。通常は２を超えないが、例外が１つある。もし３つのピークのうちの最高値（最高値はどのピークでもよい）とドーム型の家のトップ（ポイントN）の間が10カ月以上ならば、２ではなく、2.2を上限として使う。

図6.2　3日方式

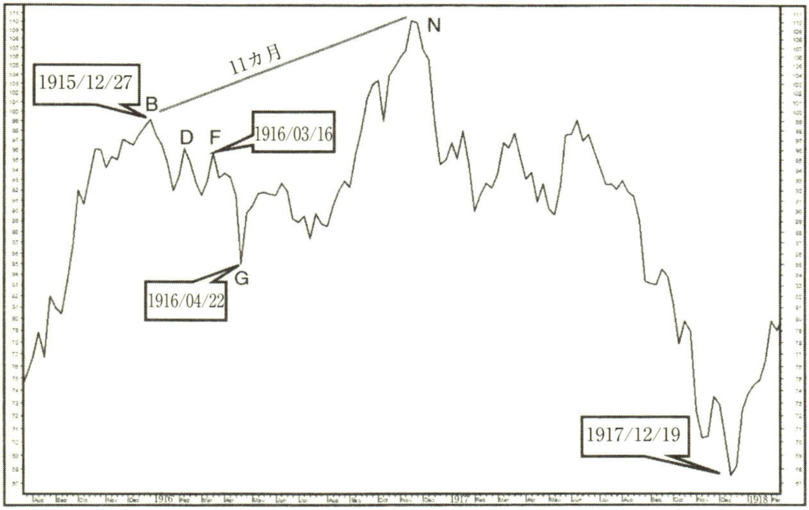

計算方法

来るべき重要な安値の目標値は、次の手順で簡単に算出できる。

1．分断された下落の長さ（F－G）を計算する。
2．分断された下落の安値からドーム型の家のトップまでの上昇の長さ（N－G）を計算する。
3．１と２のスイングオーバーレシオを算出する。
　A．値が２未満ならば、その値を使う。
　B．値が２以上ならば、２を使う。
　C．３つのピークのうちの最高値からドーム型の家のトップまでの期間が10カ月以上ならば、2.2を使う。
4．［（N－G）×スイングオーバーレシオ］－（F－G）が天井（ポイントN）のあとに下落する可能性があるポイントになる。

リンジーは、この計算には日中の高値・安値でも終値でも使えると書いている。

1915～1916年に形成された３つのピークとドーム型の家のパターンは、３日方式の好例になっている（**図6.2**）。1916年３月16日のダウ平均のピーク３（ポイントＦ）は、96.08ドルだった。その後、４月22日に分断された下落で84.96ドルまで下げ（ポイントＧ）、11.12ポイント下落した（Ｆ－Ｇ）。

ポイントＧからポイントＮ（110.15ドル）までに、ダウ平均は25.19ポイント上昇した。25.19を11.12で割ると、スイングオーバーレシオは2.26になる。しかし、３つのピークの最高値（ピーク１の1915年12月27日）からポイントＮまでに10カ月以上が経過しているため、スイングオーバーレシオは上限の2.2になる。

次に、25.19×2.2＝55.42。この55.42から11.12（Ｆ－Ｇ）を引くと44.30になる。これがＮからＳまでの間のダウ平均の予想下げ幅となる。

３日方式の目標値は、110.15（ポイントＮ）－44.30＝65.85で、これが最も重要な安値となる。そして、実際の下降相場の底は、1917年12月19日に付けた65.95だった。

モデル３

リンジーは、３つのピークとドーム型の家のパターンに３つの変形モデルを認めている。モデル１は、３つのピークの高値が切り上がってピーク３が一番高くなっている。**図6.1**の３つのピークがこれに当たる。モデル２は、ピーク３が一番安くなっている。モデル３は、ポイントＤ（ピーク２）からポイントＥの間が３波になっており、２回の下落を２つ目の上昇波が分ける形になっている。ポイントＥの安値は、ピーク１の安値であるポイントＣよりも下にあり、前回の安値を下回るという３つのピークとドーム型の家のパターンの条件を満たし

図6.3　3日方式のモデル3

ている。そのあとは、パターンのそれまでの高値であるポイントＦまで上昇する。ポイントＧまでの押しはポイントＥの水準よりも上にある。このモデルだけは、ポイントＦからの押しがその前の２つの押しを下回らない。そこで、１階の壁が分断された下落の安値まで一気に下落してしまったときは、モデル３が考えられる。モデル３では、通常はＨからＪまでの下降トレンドが分断された下落になり、スイングオーバーレシオを計算するときは、この浅い底からドーム型の家のトップまでの値を使う（通常は前の２つの底を下回る安値から測る）。

1951～1952年の３つのピークとドーム型の家（**図6.3**）は、モデル３の例で、価格はＦ（1952年８月）の280.29ドルからＧ（同年10月）の263.06ドルまで17.23ポイント下げている。

そのあと、ダウ平均は１月５日にＮの293.79ドルまで30.73ポイント上昇した。スイングオーバーレシオは30.73÷17.23＝1.78で上限の２よりも小さいため、1.78になる。

GからNの上昇幅に1.78を掛けて、30.73×1.78＝54.70。この54.70から、FからGの下げ幅を引いた54.70－17.23＝37.47が、NからSの予想下げ幅となる。

この値をNから引いた293.79－37.47＝256.32が、3日方式によるSの価格となる。そして、実際の安値は、1953年9月13日に付けた255.49ドルだった。

ちなみに、このケースでは日中の安値であるEがCの安値を0.30ポイント下回っていることに注目してほしい。また、上昇幅をEからではなくGから測っていることも覚えておいてほしい。

複雑な設定

これまでの例とは違い、もっと複雑な手法が必要なこともある。複雑な設定とは1階の屋根のなかに別の3つのピークとドーム型の家のパターンが形成されるときで、このようになるのはそれまでの上昇の初期段階がゆっくりだったときが多い。1926年～1928年半ばと、1917年12月～1919年2月と、1943年～1945年半ばまでは同じパターンだった。ダウ平均は少しずつ安定的に上昇したが、上昇率は通常のブル相場のときよりもかなり下回っていた。これはモデル3のシナリオと似ているが、ポイントGまでの押しはEの水準よりも上になっている。ちなみに、平均以下の上昇率で1年以上続いた上昇の最後では、押しの1つがそれまでの下落よりも下回らなければならないという条件は満たされなくてもよい。

複雑なドーム型の家のパターンの場合は、スイングオーバーレシオは最後の天井に最も近い1階の屋根にできた3つのピークから計算しなければならない。

1928年6月の安値から1929年の高値までの動きが複雑なドーム型の家では、最初の3つのピークのあと、1階の屋根のなかに2つ目の

図6.4　3日方式の複雑な設定

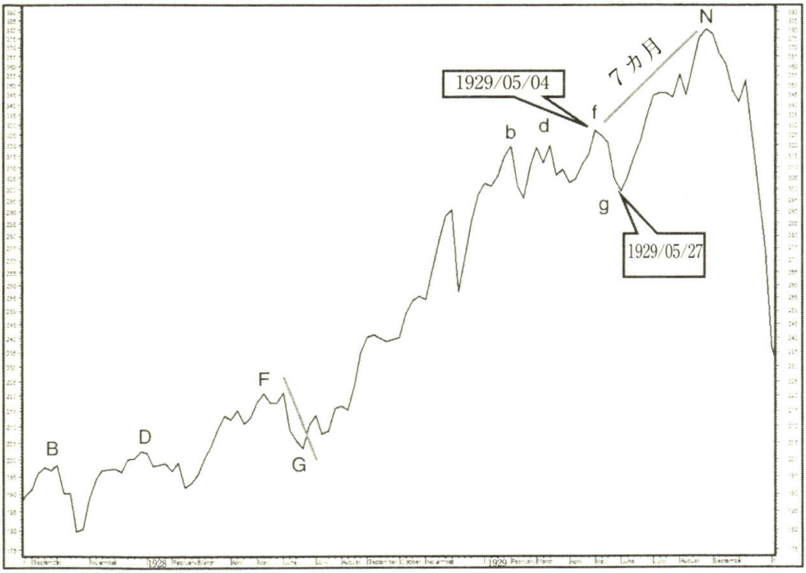

3つのピークとドーム型の家のパターンが形成されている（**図6.4**）。ダウ平均は1929年5月4日に327.08ドル（ポイントf）の高値を付けたが、1929年5月27日（ポイントg）に293.42ドルを付けた。これが1階の屋根のなかの分断された下落になり、このときの下げ幅は33.66ポイントだった。

そのあと、ダウ平均は9月3日に381.17ドル（ポイントN）を付け、87.75ポイント上昇した。スイングオーバーレシオは87.75÷33.66＝2.61となるが、3つのピークとドーム型の家の高値（1929年5月4日）から9月のポイントNまでは10カ月未満なので、上限の2となる。

1928年、ダウ平均は6月2日の220.96ドル（ポイントF）から6月18日には19ポイント下げて201.96ドル（ポイントG）になった。これがドーム型の家のパターンとその前に形成された3つのピークの分断された下落だった。

ダウ平均は、1928年6月18日の201.96ドルから1929年9月3日には

179.21ポイント上げて381.17ドル（ポイントＮ）になった。179.21×２＝358.42。

分断された下落の予想下げ幅を算出する。358.42－19＝339.42。

３日方式によるポイントＳの予想価格は381.17－339.42＝41.75で、実際のベア相場の安値は、1932年７月８日の41.22ドルだった。

結論

「３日方式の精度はマーケットによっても違う。そのため、２つ以上のマーケットで算出してみることを勧める」

また、３つのピークのパターンのすべてが安値の予想に使えるわけではない。いくつかのパターンは、あとの変動を考えると無視するしかない。「過去のマーケットの動きを見ると、次のような場合にはパターンを放棄してよい――①前後でほかのパターンに置き換わった場合、②期間が短いか、不完全な形になった場合、③歴史的に見て全体が非常に安い水準にある場合」。パターンの形や性質に欠陥が多ければ、予想値の信頼度も低くなる。

Ｆ、Ｇ、Ｋ、Ｌ、Ｍ、Ｎなどのポイントは、あとからでないと実際のマーケットの変動に当てはめることはできない。パターンが形成されている過程でこれらのポイントを確定しようとすれば、それは間違いにつながるだろう。ポイントＳは、パターンが完成したあとでしか予想できないということを強調しておきたい。

いずれにしても、ドーム型の家のパターンが形成されていると判断したら、算出した値とは関係なく、価格はいつか３つのピークの安値まで下げるということは分かっている。

第3部

The Lindsay Timing Model

リンジーのタイミングモデル

第7章

リンジーのタイミングモデルの概要

Overview of the Lindsay Timing Model

「タイミングに関する研究の多くは、タイミングとは直接関係のない手法で売買の判断を下している。しかし、これから説明する手順は、文字どおりタイミングを使っている。ただし、日柄を数えるだけだ。……これは表面的には短期トレーダー向けの手法だが、投資家にもメリットがある。ただ、頻繁に使う機会がないだけである」――ジョージ・リンジー

1965年、ジョージ・リンジーは「トレーダーのためのタイミング方法」と題したニュースレターを発行した。このモデルの目的は、マーケットのなかでトレードできそうな天井を探すことにある。第２部「３つのピークとドーム型の家」で、タイミングモデルは３つのピークとドーム型の家を「どう数えるか」だと述べた。しかし、タイミングモデルはほかの指標やモデルに頼らず単独で使えるテクニックもある。このモデルは、３つのピークとドーム型の家のパターンのように、通常のブル相場での天井や周期的なブル相場での天井を探すだけではない。このタイミングモデルで予測する天井は、ブル相場の天井もあれば、ほんの数日の調整で終わる天井もある。第９章「安値・安値・高値カウント」では、来る調整の相対的な期間や深さを予想する方法

を説明する。本書では、リンジーに敬意を表し、かつ彼のモデルが奇妙な名前ばかりにならないように、この手法を「リンジーのタイミングモデル」と呼ぶことにする。

３つのピークとドーム型の家のパターンと同様、リンジーのタイミングモデルも本格的なトレーダーから一般の投資家まで利用できる。このモデルは「大原則のみを使うだけでもある程度の役に立つ」からだ。また、３つのピークとドーム型の家のパターンと同様で、リンジーのタイミングモデルもこのパターンを理解するために時間をかければ、もっと深い洞察を得ることができる。

リンジーは、このモデルは個別の株にも、株価指数、商品先物にも適用できると書いている。ちなみに、別のニュースレターには彼のモデルがブル相場ではあまりうまく機能しないと書いている。ただ、これは実績から見てただの謙遜だろう。このモデルはブル相場でも非常に役に立つ。特にほかの指標が短期から中期の弱気シグナルを出したときに、その弱気を確認するのに適している。彼はすべてダウ平均を例に使っているが、このモデルがさまざまなアセットクラスで使えることはすでに確認されている。リンジーは、彼のタイミングモデルを1861年までさかのぼって検証したと言っている。ちなみに、1861～1885年のダウ平均が始まる前の時期については「マーケットを牽引する７銘柄」の日足の平均を算出して検証を行ったと説明している。

リンジーのタイミングモデルの基礎

「記録に残っているブル相場の高値のほぼすべてが、トップ・トップ・カウントでの最後の高値に当たっている。そして、そのカギとなるカウント開始日のキーデイトはチャート上ではっきりと分かる」

モデルは、３つの基本概念を基に構成されている。

図7.1　107日高値・高値カウント

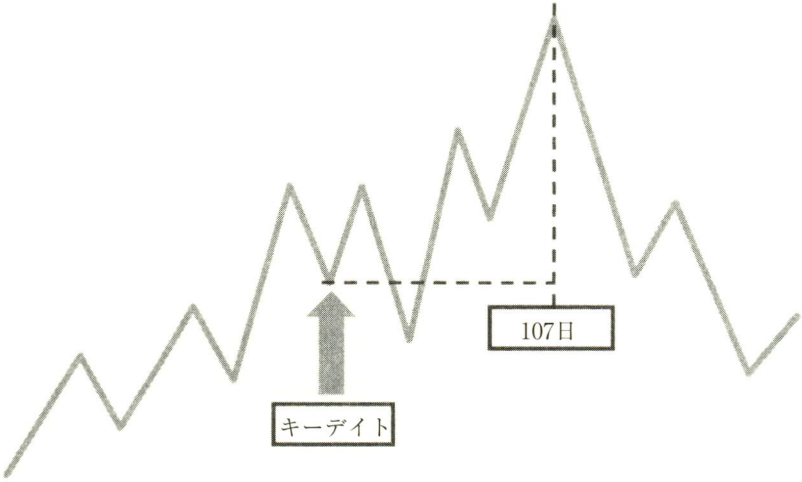

1．トップとトップのインターバルは107日
2．安値・安値・高値のインターバル
3．トップや高値の目標値を示唆してくれる２つのインターバルの収束

典型的なサイクル理論が安値から安値までの期間（21日サイクルならば安値から安値の期間が21日間）を特定しようとするのに対して、リンジーのタイミングモデルは高値を使っている点が変わっている。このモデルでは、正しいキーデイトから107暦日数えるとトップが分かるとしている（**図7.1**）。誤差は目標日の前後５日で、言い換えれば目標日は102～112日の範囲にある。107日のインターバルと、典型的なサイクル理論のもうひとつの違いは、107日が純粋なサイクルではないことで、これは単なる時間のインターバルなのである。その

ため、これが107日ごとに繰り返すサイクルだとは思わないでほしい。これは「サイクル」ではなく、「インターバル（間隔、日柄）」と呼ぶのが適している。

トップ・トップ・カウントは、高値からほかの高値までを数えるのではなく、トップ（レンジ相場内での高値）のなかの安値からトップ（その上昇における日中の高値）の日までを数える。読み進めていけば、この意味が理解できると思う。

キーデイトが確定すれば、あとは107日数えるだけで上昇相場の高値の目標日が分かる。数えるときは、取引日ではなく暦日を使うが、これはインターネットのカレンダーや日付カウンターを使えば簡単に分かる。高値の目標日は、上昇相場の実際の高値と一致することが多い。リンジーは、上昇相場の高値を終値ではなく日中の高値を使って探し、「数えて探す高値の日は、日中または１時間足の価格を基にして判断している」とまで言っている。ただ、リンジーのタイミングモデルは日中や１時間足を使わなくてももちろんよい。彼の説明も、日足チャートを使って行われている。

実際の高値は、目標日の前後５日の範囲のなかで付けると予想される。つまり、実際の日中の高値は、キーデイトから数えて102～112日の間に付けるということだ。リンジーも、「トップ・トップ・カウントで、111日や112日まで高値を付けないことは、比較的まれである」と書いている。ただ例外として、107日目がトレーディングレンジや保ち合いのなかにあれば、そのレンジの終わりまで有効とも書いている。つまり、目標日がトレーディングレンジのなかにあれば、前後５日の範囲である必要はない。

107日後の目標日が決まったら、アナリストは安値・安値・高値（LLH）のインターバルを探す。安値・安値・高値の探し方と数え方は第９章で紹介する。今のところは、安値・安値・高値のインターバルが２つの同じ期間で構成されており、最初が安値と安値の間、次が

２つ目の安値と高値との間であることを知っておいてほしい。安値・安値・高値のインターバルの簡単な例を挙げておこう。ある３月１日の安値と３月５日が安値ならば、その間の期間は４日と数える。次に３月５日の安値から４日数えると、高値の可能性の日は３月９日になる。もちろん、２つの安値の間の日柄を数えれば必ず高値が分かるわけではない。このモデルは、この安値・安値・高値の手法を107日トップ・トップ・カウント方式と組み合わせ、三角測量で予想される高値までの短いインターバルを算出しようとしているのである。ただ、このインターバルに保ち合いがあると、それ自体に引力が生まれ、それが保ち合いの終わりまで価格を引き上げている。しかし、その時期を過ぎると保ち合いでの引力は消え、価格は下がり始める。

多くのマーケット・タイミングモデルは、マーケットの現在の動きに注目している。しかし、この方法はアナリストやトレーダーにプレッシャーを与え、判断を強要することになる。リンジーのタイミングモデルの数ある魅力のひとつは、過去の変動に注目していることで、アナリストは直前の動きに基づいてすぐに判断を下すというプレッシャーから解放される。例えば、107日トップ・トップ・カウントでは、目標日までに107日もある。これはこのモデル独自のメリットと言える。

リンジーのタイミングモデルが取引日ではなく歴日を使っていることは、現代の読者にとっても都合が良い。インターネット上に数ある歴日を数えるサービスを使えば、過去の安値間の日柄から将来の高値の目標日が「数えるだけで分かる」作業が簡単に行えるからである。

用語について

リンジーの文章を読むと、まずは言葉の壁にぶつかる。彼が使う一見単純な言葉の多くが、実はいくつもの概念を内包しているため、混乱を招くのである。例えば、「トップ」という言葉は、上昇相場の目標値で最終的なトップを表すときもあれば、ある基点から107日後のトップを指すこともある。また、最終的な「トップ」も絶対的な高値かもしれないし、目標日の前後５日間のレンジのなかの日中の高値かもしれない。どちらも難しい概念ではないが、これらを理解してリンジーのタイミングモデルに適用するためには、区別して別の名前をつける必要がある。そこで、本書では通常の「リンジー用語」にいくつかの言葉を追加している。もしこれまでリンジーの文章を読んだことがなければ、追加した言葉が気になることはないだろう。しかし、リンジー研究の知識があれば、新しい用語に気分を害さないでほしいし、追加的な分類や名前が助けになると感じてくれたらうれしい。

注意点

木ばかり見ていると、森を見失うことがある。リンジーのタイミングモデルを学ぶときには、このような常識を頭の片隅に置いて取り組んでほしい。このモデルでは、「トップ」と呼ぶにはマーケットが上昇していなければならない。また、その前にマーケットが上昇していれば、トレーディングレンジの最後の目標日は許容できる。しかし、マーケットが下落しているときに目標日が当たれば、そこに「トップ」はない。タイミングモデルは不可能を可能にするものではないのである。マーケットが下落しているときはトップの可能性を簡単に除外できるため、別のツールを使う必要がある。しかし、そこで疑問がわく。トップと呼ぶにはそれ以前にどれくらいの期間上昇していればよいのだろうか。その答えは、通常は「１週間以上」と言われている。

この作業には、価格チャートに書き込むよりもスプレッドシートを使うことを勧める。107日後をチャートに書き入れれば見やすいかもしれないが、安値・安値・高値モデルに必要な注釈のことを考えると、判別できなくなるかもしれない。リンジーでさえ、１枚のチャートにすべての注釈を書き込もうとはせずに、２つに分けていた（１枚が107日用で、もう１枚が安値・安値・高値用）。ただ、何ページにも及ぶ２つのチャートの日付を突き合わせる作業は不可能ではないが、イライラが募るだろう。それよりも、スプレッドシートを使って必要なすべての日付をリストアップしておくほうが、はるかにすっきりとして見やすくなる。

最後に、もし注意深く観察を続けていれば、トップからだけでなく底からも107日というインターバルを使ってマーケットの変曲点を探せることに気づくだろう。また、安値・安値・高値カウントの目標日が高値でなければ、安値を指していることもある。これらのことを認識しておけば、モデル導入の助けにはならなくても、この理論をさらに深めたり、インターバルやサイクルを理解したりするうえでは役に立つ。

第8章
キーデイト

Key Dates

「このタイミングモデルは、正しいキーデイトを探せるかどうかにすべてがかかっている」――ジョージ・リンジー

本章では、107日インターバルのカウントを始める起点となる日を探す方法を検証していく。リンジーは、起点となる日をこの方式のカギとなる日と位置づけている。上昇相場の高値の目標日は、キーデイトの107日後になる。ただ、日中の高値を含む目標日の本当の範囲は、この日の前後5日間で、つまりキーデイトから102～112日になる。この期間のどこかでトップを付けると予測できるのである。もしこの目標日が安値・安値・高値のインターバルで確認できなければ、大きく下落する心配はないが、何らかの形で下落することが多い。目標レンジばかりを重視して安値・安値・高値の確認を怠ると、目標レンジのどこで手仕舞ったり空売りしたりすべきかの感覚がつかめなくなる。仕掛けのタイミングのすぐあとに空売りすべき下落がないかどうかを確認せずに107日方式だけでトレードすると、利益どころか損失につながりかねない。トレーダーは、テクニカルな確認シグナルを除外すべきではない。ただ、ほかのシグナルの詳細は本書の範疇ではない。

キーレンジ

「トップを付けたあとでそれを探すのは簡単なので、そのときに使うことにする」

キーデイト（開始日）はトップ圏のなかにあるため、これをキーレンジと呼ぶことにする。リンジーは、終値を使ってキーデイトを求め、日中の高値からマーケットのトップを予想していた。キーデイトを探すときは、終値での最安値（日中の最安値ではなく）を探す。上の引用にある「トップを付けた」というのはキーレンジのことで、107日後の目標レンジではない。トップとは、定義するよりも見たほうがおそらく簡単だろう。キーレンジについてリンジーが書き残したなかで最も定義に近いのは、次の文だろう。「価格は一定のレンジで上下する。この変動は、いくつかのパターンの可能性があるが、そのどれかは関係ない。価格がそのレンジの安値を下回れば、トップは完成する」。また、ある例に関して次のように書いている。「７月10日から16日までの５取引日に、……２日間急落してその前のマイナーな安値を下回ったため、マイナーなトップが形成された」。本書では、新高値のあとの下落がトップを付ける直前の調整の安値を下回ったときに、キーレンジと確定する（**図8.1**）。

大まかに言って、キーレンジには２つのタイプがある。

- コンパクトなトップ
- メジャーなトップ

コンパクトなトップは最もよくある天井の形である。メジャーなトップは何カ月間にも及び、そのなかにはいくつかのコンパクトなトップが含まれている可能性が高い。これが理解できれば、メジャーなト

図8.1　キーレンジ

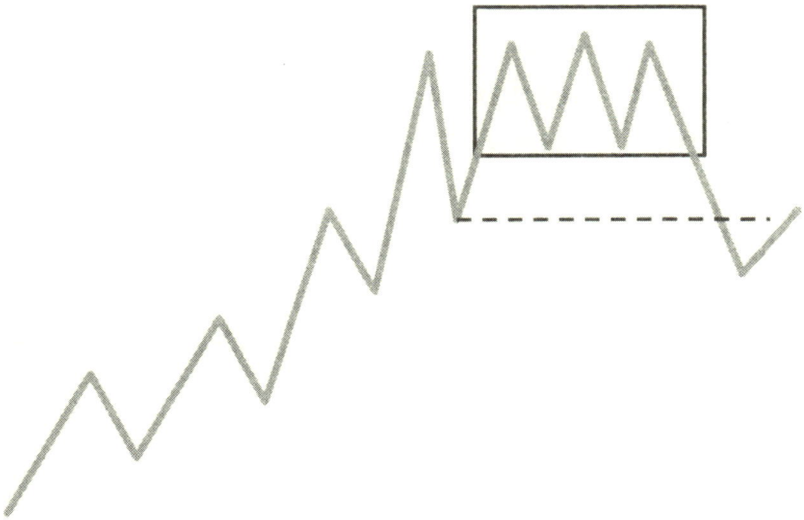

ップは大きいコンパクトなトップにすぎないため、直感的に分かるだろう。

コンパクトなトップ

「トップが形成されているなかで、明確な安値日がキーデイトになる。すべてのトップ・トップ・カウントはここから始まる」

キーレンジには9つのタイプがあり、それぞれについて説明していく。タイプを識別できるようになれば、キーデイトは比較的簡単に見つかるが、なかには多少の芸術性と柔軟性を必要とするケースもある。リンジーの手法の多くは、決められた公式に当てはめるのではなく、マーケットの動きをアナリストが解釈したり、感じたりすることが求められる。ここに彼の芸術家という経歴を見ることができる。

図8.2　ダブルトップ

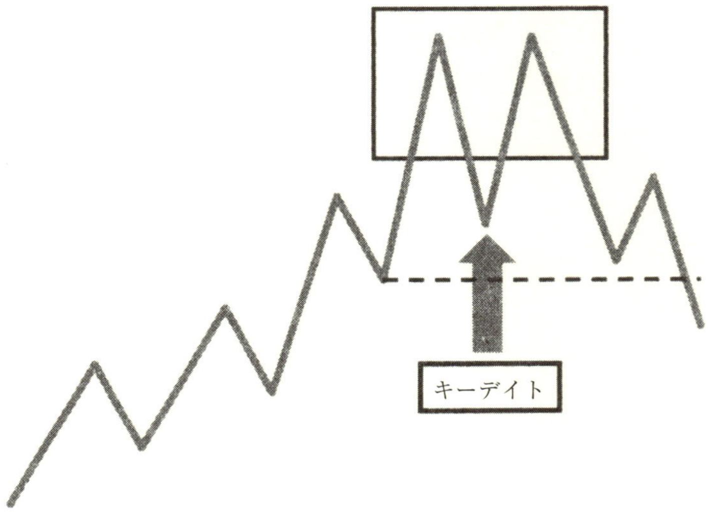

表8.1　トップ・トップカウントとブル相場の高値までの日数――ダブルトップ

安値	日数	天井
6/14/1912	108	9/30/1912
7/27/1938	108	11/12/1938
2/27/1948	108	6/14/1948
12/15/1955	113	4/6/1956
4/23/1959	102	8/3/1959
9/24/1961	111	12/13/1961

ダブルトップ

まずは最も単純なダブルトップから紹介しよう。

「明らかなダブルトップかそれに近い形が形成されたときは、２つのピークの間の安値がほぼキーデイトになる」(**図8.2**)。

トップ形成のなかの安値日は、天井圏の「引力の中心」に例えることができる。このように考えると、リンジーがキーデイトを探すこと

図8.3　ダブルボトム

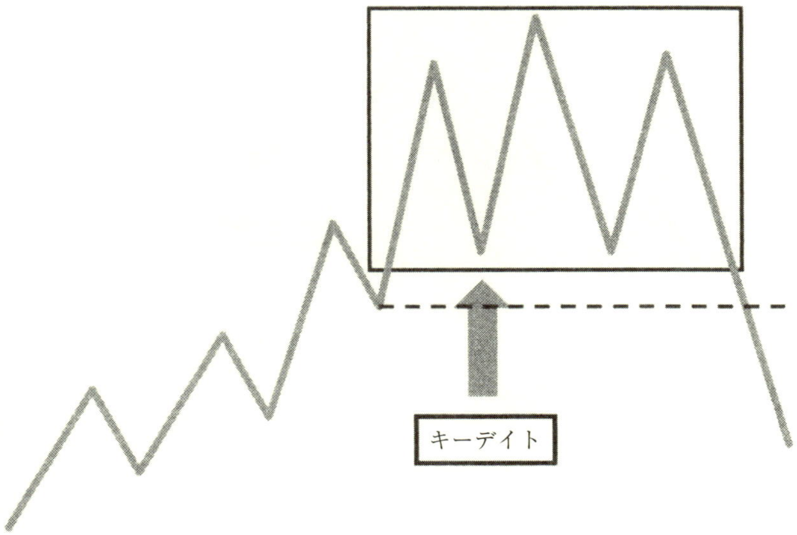

で何をしようとしていたのかを感じることができるかもしれない。ダブルトップからの日柄は**表8.1**に示してある。

ダブルボトムトップ

「ダブルボトムで終わると、……ほとんどの場合は最初の安値がキーデイトになる」

トップが形成されたときに、ほぼ同じ深さの押しが2つ以上あるときは、最初の押しがキーデイト（数え始める日）になる可能性が高い。そして、この安値は最高値の直前である可能性も高い。ただ、これらの特徴は多くのケースに見られるが、必ずそうなるというわけではない（**図8.3**）。

ヘッド・アンド・ショルダーズ

前のダブルボトムに関するリンジーのコメントのあとならば、ヘッド・アンド・ショルダーズの手順は当然こうなる。「ヘッド・アンド・ショルダーズが形成されたときは、左のショルダーのあと、つまりヘッドの前の安値がキーデイトになる」（**図8.3**）。

ダブルボトムやヘッド・アンド・ショルダーズでキーデイトを探すと、マーケットの感覚をつかむことの必要性を知ることができる。キーデイトは最初の押しと２番目の押しのどちらなのだろうか。幸いなことに、両方の押しから数えてみれば答えは分かる。そればかりか、この簡単な解決策は第９章で紹介する安値・安値・高値カウントを使うことでさらに精度が上がる。

最後の押し

最後の押しは、キーレンジに含まれない。ただ、キーレンジが見つからない場合に、上昇相場の最後の押しがキーデイトとして機能することはよくある（**図8.4**）。「トップの形成がヘッド・アンド・ショルダーズでもダブルトップ（またはトリプルトップ）でもないときは、価格はごく短期間しか高値を維持しない。……そのようなときは、ほとんどの場合において高値直前の押しがキーデイトとなる。もしトップ形成の前の５日間に目立った押しがなければ、最後のマイナーな押しまでさかのぼる。押しは１日から数日続くこともあり、その場合はそのなかの安値日がキーデイトとなる。

最後の押しのキーデイトについて、リンジーは次のように書いている。「約１日続く下落は、上昇相場の最後の高値のほんの２～３日前に起こる。それ以外――例えば1952年12月や1959年５月――の下落は４～５日続き、最後の高値よりも１～３週間も前だった。つまり、最

図8.4　最後の押し

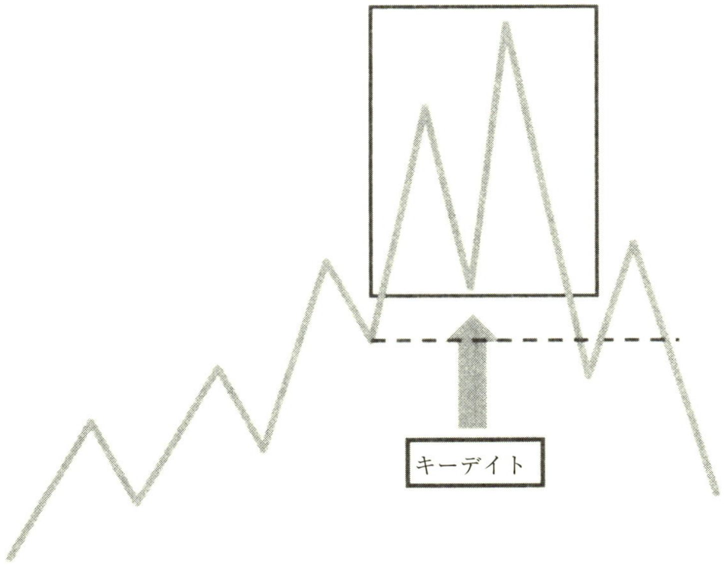

後の高値の前の最後の押しは慎重に探さなければならない」

レンジの深さ

これは重要なキーデイトのひとつだが、リンジーはタイプとして分類せず、ついでのようにほのめかしたにすぎない。レンジの深さは最後の押しに似ているが、「高値圏まで上昇する途中にある最後の押し」と定義され、キーレンジの直前の押しと見ることができる。

「７月10日から16日までの５日間のあと、価格は２日間急落してその前のマイナーな安値をブレイクしたため、マイナーなトップが形成された」。結局、リンジーが「前の安値」と言ったところがキーデイトになった（**図8.5**）。

レンジの深さと最後の押しを併用すると、目標レンジを絞り込んで信頼度の高い目標日を予測できる。上昇相場の最後の高値は、２つの

図8.5　レンジの深さ

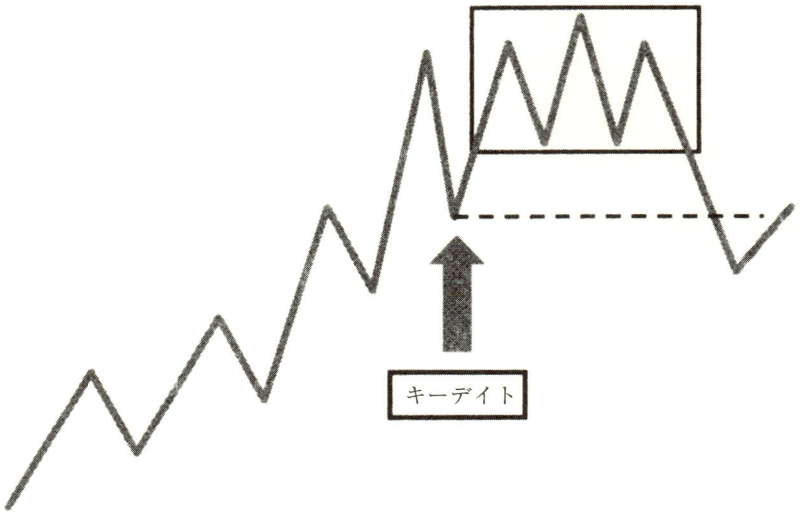

キーデイトから数えた２つの目標日の間にあることが多い。そのうえで、第９章で紹介する安値・安値・高値のインターバルも使ってほしい。

底からトップまでのカウント

「これはトップ・トップ・カウントと同じ長さで、長期のブル相場でよく見られる。ただ、始まり方はトップの安値からばかりでなく、さまざまなタイプがある。また、大きく下落する可能性は本当のトップ・トップ・カウントよりもはるかに低い」

底からトップまでのカウントは、わりとよく起こる。このときはキーレンジを探す必要もないほど、簡単に見つけることができ、底からトップの可能性があるところまで107日数えるだけでよい。上昇相場が長引いたときは、これを数えることを試してほしい。または、長い上昇相場の途中で直近の底から数え始めてよい。「キーレンジはどこ

図8.6 底からトップまで

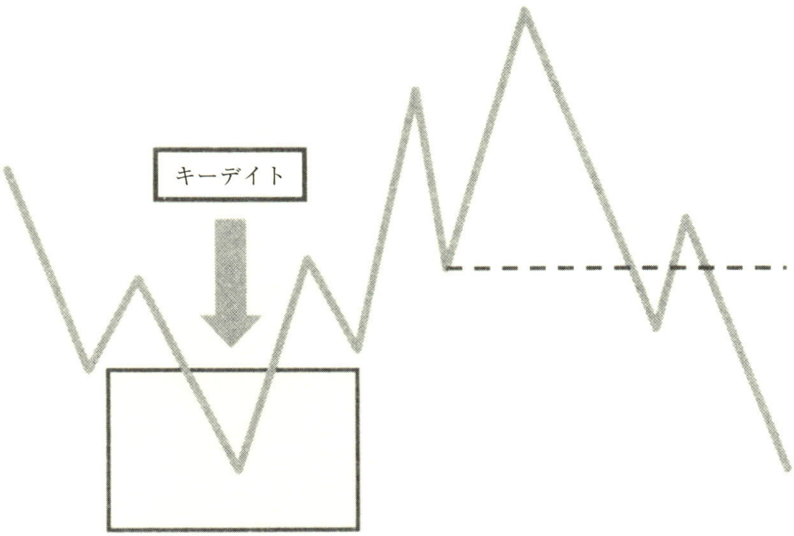

にあるのか」と自問したくなるようなケースは、底からトップまでのカウントを考えてみてほしい。キーデイトがキーレンジのなかになければ、107日後のあとの下落は中期的な下落以上にはならない可能性が高い（**図8.6**）。

スペシャルクラス

「下落の重要な安値から数えたいときは、その安値のすぐあとの少し高い安値から数えるとよい」

底からトップまでのカウントと関係の深いこのタイプを、リンジーはスペシャルクラスと名づけた。彼は、**図8.6**のキーデイトのあとの２つの押しのどちらからでも107日を数えられると書いている。これらの押しから数えると、重要な安値から数えて得られた高値から始まる下降トレンドが予想される±５日の範囲で日にちが分かる。これは、メジャーなトップ（**図8.9**）のキーデイトと似ており、少し低い水準から始まる大きな下落の始まりのタイミングを教えてくれるのである。メジャーなトップの２つ目のキーデイトからのカウントは、新高値を探すためのものではない。ここの「高値」は、ちょっとした下落や新たな下落の基点となることが予想される。

トップ後のカウント

「最高値の前にキーデイトになり得るポイントがあったとしても、実際のキーデイトは最高値のあとになる場合もある」

トップ後のカウントは本当のキーデイトがキーレンジの高値よりもあとにある（**図8.7**）。トップ後のカウントはほかのタイプほど頻繁にはない現象で、一種のアノマリーだが忘れてはならない。1929年９月３日の天井は、５月13日のキーデイトから113日後だった。この５月のキーデイトは、キーレンジの高値よりもあとにある。このときの113日というのは通常の目標の日柄である102～112日後を超えているが、そのあとの下落もまた普通ではなかった。過去のトップ後のカウントの例を**表8.2**に挙げておく。

このような例外があると、キーレンジでのどの押しを選ぶべきなのか疑問に思うだろう。このとき、安値・安値・高値カウントを使うとこの謎が解ける。詳しくは第９章で説明する。

沈んだキーレンジ

沈んだキーレンジの概念は、トップ・トップ・カウントの章では混乱を招くかもしれないが、実際にはそう難しくはない。長期の下降トレンドでは、マーケットは典型的なキーレンジには発展しないが、通常は下降相場の途中で揉み合いがあり、そこでキーデイトを探すこ

表8.2　ブル相場の高値におけるトップ後のカウント

安値	日数	天井
7/21/1919	105	11/3/1919
5/13/1929	113	9/3/1929
11/23/1936	107	3/10/1937
2/13/1946	105	5/29/1946
4/25/1956	106	8/9/1956

図8.7　トップ後のカウント

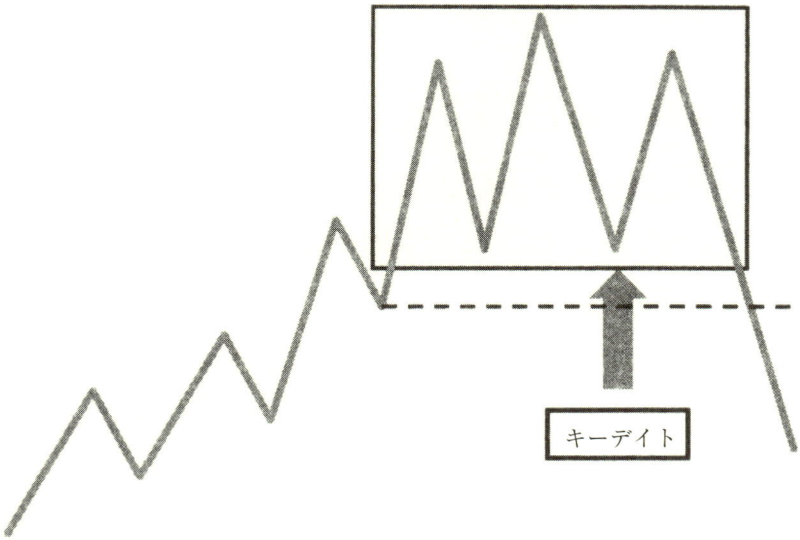

とができる（**図8.8**）。マーケットが大きく下落したあとである程度戻すと、キーデイトがトップ後のカウントの形になることはよくある。その場合は、最初の戻りからの次の下落がキーデイトとなり、再度戻しても、それは最初の戻りほど高くはならない。この揉み合いのあと、新たな下落が始まり、価格は新安値まで下げる。このような動きは、キーデイトが揉み合いの高値よりもあとにあるトップ後のカウントにつながる。さらにこのケースでは、トップ後のカウントが沈んだキーレンジのなかにある。

図8.8　沈んだキーレンジ

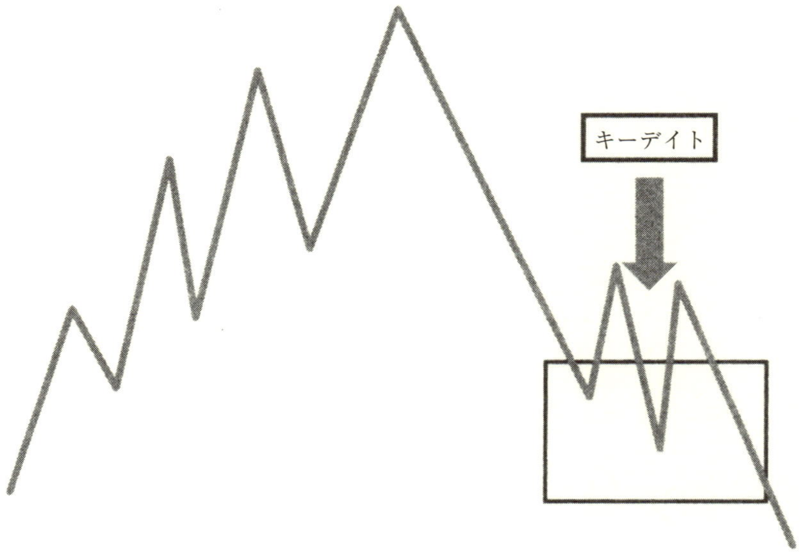

メジャーなトップ

「このトップのタイプは長引いた形で、……このタイプにはキーデイトが２つあることが多い。……これらのキーデイトは、トップのなかの最高値よりもかなり安い位置にある。このタイプでは、トップ・トップ・カウントを両方のキーデイトから数えなければならない。ただ、１つ目のキーデイトからのカウントは重要でないこともあれば、うまくいかないこともある。……一方、２つ目からのカウントは、……重要なことが多く、そのあとに大きく下落する」

メジャーなトップは、数カ月に及ぶことが多く、そのなかにはコンパクトなトップがいくつか含まれている可能性が高い。メジャーなトップは、レンジの深さの概念を使って探すことができる（**図8.9**）。

メジャーなトップのキーデイトはほとんどの場合、大きなキーレンジの安値をはるかに下回っている。これはコンパクトなトップの場合

図8.9　メジャーなトップ

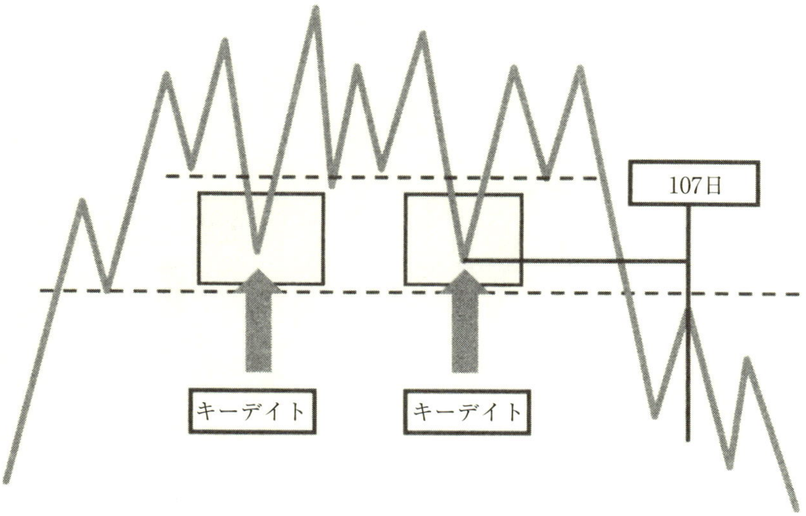

と同様、キーデイトを探すために必要なのである。メジャーなトップのキーデイトは、低い位置から始まる大きな下落の開始を教えてくれる。目標のトップは、前述の沈んだキーレンジの例で出てきた揉み合いの最初の反発と同じになる場合もある。メジャーなトップのなかの２つ目のキーデイトからのカウントは、新高値を探すためではない。ここでの「高値」とはちょっとした下落や新たな下落の基点となることが予想される。

結論

トップのレンジとは、コンパクトなトップとメジャーなトップで構成されている。２つのタイプのトップはその長さと形成にかかる期間で区別され、実際にはメジャーなトップのなかにいくつかのコンパクトなトップが含まれている。

本章では、リンジーが書き残した9つのコンパクトなトップのタイプを紹介した。このなかには、リンジーが明確に定義したものもあれば、暗に示唆しただけのものもある。

一方、コンパクトなトップとは違い、メジャーなトップは数週間に及ぶため、意識して探さなければ見過ごしかねない。メジャーなトップの主な使い方は、メジャーなトップやトップから新しい下降トレンドに入る基点を探すことにあり、この下落はそれまでよりも大きな下落につながることが予想されている。

第9章

安値・安値・高値カウント

The Low-Low-High Count

「安値・安値・高値カウントはたいていは正確で、誤差は１～２日である。このことが、この方式の優位性であり、多くの人は正確な日付や時間を求めようとしすぎる」――ジョージ・リンジー

リンジーのタイミングモデルでは、安値・安値・高値カウント（LLH）を使って107日トップ・トップ・カウントを確認する。安値・安値・高値カウントを使うことで、107日方式の理想的とは言えない点を補い、精度を大幅に向上させることができる。この概念は非常に単純で、まずは２つの「安値」間の日柄を求め、それと同じ日柄分だけ進めると高値になる（**図9.1**）。「ここで示した高値は、最後の上昇日かもしれないし、最初に下落する日かもしれない」（本章で出所を記していない引用文はすべてリンジーが1959～1972年にかけて自ら発行していたニュースレター「ジョージ・リンジーズ・オピニオン」からの引用）。リンジーの引用のなかで重要な言葉は、「示した」で、この手順を単独で使っても高値が必ず見つかるわけではないが、それでもこの手法は役に立つ。安値・安値・高値カウントと107日カウントを組み合わせることで、リンジーは高値を予想する素晴らしいシステムを作り上げた。ただ、このモデルで予測するトレンドの変化は、大きいときも

図9.1　安値・安値・高値カウント

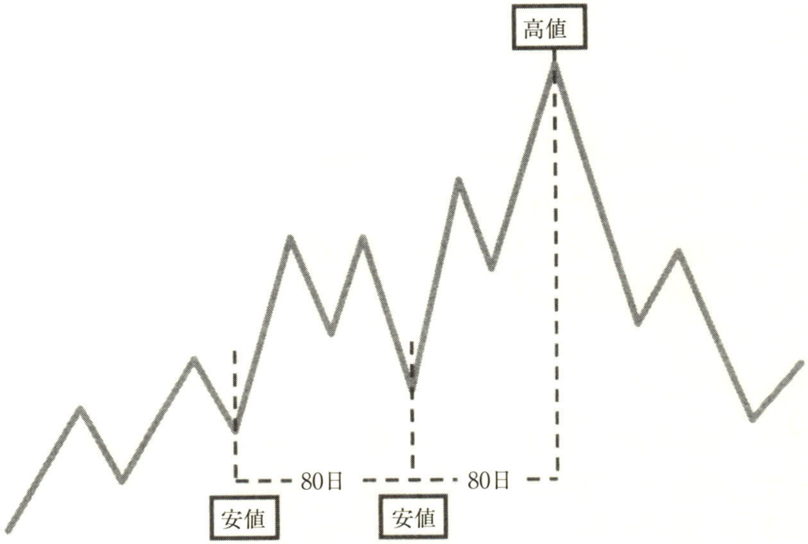

あれば、さほどではないこともある。リンジーが書き残した期待すべき下落の強さの指針は、本章の最後に掲載している。

107日カウントと同様に、安値・安値・高値カウントも取引日ではなく歴日で数える。ただ、歴日で数えると、該当日が土曜日や日曜日や祝日になることがある。その場合、高値の目標日が休日の前かあとかを判断するために取引日を数えることをリンジーは勧めている。幸いなことに、該当日が土曜日であれば目標日は金曜日で、日曜日ならば月曜日になるという簡単な方法がよく当たることがすでに分かっている。

安値の判定方法

カウントを始める前に、まずはどの安値から数えるのかを決めなければならない。ここは107日方式のトップ・トップ・カウントのキーデイトと同様、安値は終値を使って決める。ただ、「安値の日を決めるのには安値を使うが、いくつかの例外がある」。例外のひとつは、リンジーが「極端」な日中の安値と呼ぶケースだが、ここでも彼は「極端」の正確な定義を残していないので、読者の裁量に頼るしかない。ちなみに彼は、終値が最安値の日の前後に日中の安値が極端に安い日があれば、前者を安値の日と呼ぶのは「常識に反している」とも書いている。

「安値が２つあれば、その２つがどれほど離れていても、間にどれほどの変動があっても数えることができる。つまり、安値・安値・高値カウントの組み合わせは無数にある。しかし、私たちが知りたいのは意味のある下降トレンドがいつから始まるかということで、それを示すようなカウントはわずかしかない。そこで、混乱を避けるために、安値を体系的に選別しなければならない」。リンジーは安値を「体系的」に選ぶために、重要な安値とマイナーな安値に分類していた。

「まず、マイナーな安値を重要な安値と区別しなければならない」。マイナーな安値は、重要な安値以外のすべての安値なので、簡単に判別できる。ただ、残念なことにリンジーは重要な安値について定義していない。それに最も近いと思われるのが、重要な安値とマイナーな安値について「チャートを一目見れば違いは明らかだ」と書いている部分だ。本書では、上昇トレンドでの重要な安値は直近の高値の前の安値を下回る押しと定義している（キーレンジと似た考え方）。また、重要な安値は、下降トレンドから上昇トレンドに変化するポイントと考えることもできる。下降トレンドに関しては、リンジーが挙げた例のなかのすべての重要な安値が前述の「極端な」日中の安値になっている。また、彼は「激しい変動」によって重要な安値を付けるとも書いている。激しく変動しているときは、日中に極端な安値を付けることがあるということである。本書では、下降トレンドでの重要な安値は、同じ下降トレンド内で前の戻りを上回る戻りの直前の安値とする。

カウント

チャート上で重要な安値とマイナーな安値を見つけたら、安値間のインターバル（日柄）を数え、それを記録する。リンジーは、ここでも重要なカウントとそうでもないカウントを区別し、それぞれについてどのくらいの期間有効か——各タイプで観察すべき最長のインターバル——を紹介している。ここでは、4つのカウントのタイプ（2つが重要で2つはそうでもないもの）を知っておいてほしい。

重要なカウント

重要な安値間のカウントは、重要なカウントと評価する。重要な安値は最長で2年間有効で、「設定してからその期間は、このインターバルとそれ以外のすべての重要な安値とのインターバル（日柄）を数える」。つまり、重要な安値はそのマーケットで今後4年間有効になる。これは2つ目の重要な安値から2年間と数えると、1つ目と2つ目の重要な安値の間の2年間と合わせて4年間になるからである。ただ、重要なのはカウントによって特定した日で、その間の日は関係ないということを覚えておいてほしい。

重要な安値からそう重要でない安値までのカウントも、期間が3カ月以内であれば重要なカウントとする。この3カ月ルールによって、過去2年間の重要なカウントやそう重要でないカウントの数をある程度絞ることができる。

重要でないカウント

マイナーな安値間のインターバル（日柄）は、重要でないカウントとする。

また、マイナーな安値から重要な安値までも重要でないカウントとする。

重要でないカウントの数は、マイナーな安値の有効期間を４カ月以内とすることで、処理できる数に抑えている。「この期間内で、重要な安値とマイナーな安値のすべてをカウントする」

「同じ安値を使っていくつかのカウントをすることはよくある」。２つの安値間ならばどれほど離れていてもカウントはできる。しかし、これがどれほど煩雑になるかは容易に想像できるだろう。だからスプレッドシートが必要なのであり、107日のカウントまで含めるとなればなおさらだ。そのうえで、リンジーが設定した時間制限を守れば、煩雑になりすぎることはない。

安値・安値・高値カウントと107日カウントを組み合わせる

ここまでで、107日カウントと重要な安値とマイナーな安値を決定し、スプレッドシートにすべてのカウントを記入したリストもできた。次は記録したデータを検証し、同じ範囲に集まる日付を探していこう。「このリストのさまざまなインターバルについて、あらゆるトップ・トップ・カウントの日柄と比較していく。トップ・トップ・カウントの始めか終わりが重要でないカウントの日柄から１週間程度の範囲にあるものはまとめておく。また、重要なカウントのなかで、トップ・トップ・カウントの日柄が５～６週間の範囲に入るものもすべてまとめておく」。しかし、この最後の文には考え込んでしまったのではないだろうか。もし５～６週間離れていても「注目の日付」になるならば、107日カウントで±５日の誤差はどういう意味があるのだろうか。リンジー自身も、これに矛盾するような次の文を書いている。

「安値・安値・高値カウントはたいていは正確で、誤差は１～２日である。これは、107日サイクルの前後5日の誤差よりも優れている。そのほかの点では、トップ・トップ・カウントのほうが安値・安値・高値カウントよりも重要だ」。もし安値・安値・高値カウントの目標レンジを目標日の前後5日間の枠から2日間の枠に狭めることができれば、5～6週間離れたカウントがどのように重要なのかがよく分からない。安値・安値・高値カウントの最も大事な機能は、トップ・トップ・カウントが103日なのか、107日なのか、それとも111日なのかを教えてくれることにある。この疑問については、第10章「カウントを組み合わせる」のトレーディングレンジのところで説明していく。今のところは、リンジーの基本的な指針をしっかりと理解しておいてほしい。

どれほどの下落かを予想する

「トップ・トップ・カウントは単独でも使えるが、安値・安値・高値カウントはそうはいかない。後者の値はほかのカウントと組み合わせて使わなければ意味がない。理論的に見れば、重要な安値・安値・高値カウントはマイナーな下落ではなく、大きな下落につながる。しかし、どれほど下げるかは、安値・安値・高値カウントとほかのカウントがどれほど近いかにかかっている」

マーケットが大きく下落するための最初の条件に、トップ・トップ・カウントがある。そして、2つ目の条件は、107日のトップ・トップ・カウントが重要な安値・安値・高値カウントとほぼ一致するか、同じトレーディングレンジのなかで終わることである。リンジーは、このトレーディングレンジを「クラスター」と呼んでいる。大きな下落が予想される3つ目の条件は、重要でないカウントが重要なカウントや107日カウントと一致することだ。リンジーは、彼にとって何が「大きな下落」なのかを説明していないが、彼の文章からは、投資家が投資を継続したくないレベルの下落を指していると推測できる。

緩やかな下落は、重要でないカウントと107日のカウントを組み合わせることで予想できる。ただ、この組み合わせで分かる下落に関心があるのは、素早く動くトレーダーだけだろう。

リンジーは、トップ・トップ・カウントの条件に例外を設けている。「いくつかの安値・安値・高値カウントが一致する場合は、ほかのカウントで確認しなくてもよい」。この文章については、第10章で詳しく説明する。

結論

本章の内容を簡単にまとめておく。今後の指針として利用してほしい。

- 安値・安値・高値カウントは、107日トップ・トップ・カウントの確認に使われる。
- 重要な安値とマイナーな安値を探して記録する。
- 重要な安値について、２年以内のものはすべてカウントする。
- 重要な安値とマイナーな安値について、３カ月以内のものはすべてカウントする。
- マイナーな安値について、４カ月以内のものはすべてカウントする。
- マイナーな安値と重要な安値について、４カ月以内のものはすべてカウントする。
- トップ・トップ・カウントに当たったところでは、大きな下落が予想される。

第10章 カウントを組み合わせる

Combining the Counts

「大きな下落を探すならば、まずはトップ・トップ・カウントが必要である。次に、そのトップ・トップ・カウントが重要な安値・安値・高値カウントとほぼ一致するか、同じトレーディングレンジ内になければならない」――ジョージ・リンジー

リンジーは、トップ・トップ・カウントと安値・安値・高値カウントの一致の仕方を４つのタイプに分類した（実際には５つのタイプだったが、５つ目のタイプである「ブル相場のトップ・トップ・カウント」は、ほかと重複した説明に例が添えてあるだけなので省略した）。本章では、それらを例とともに紹介していく。すべての分野が素晴らしい成果を生むわけではなく、組み合わせによって効果は違う。それぞれのタイプを実際のマーケットに当てはめてみると、予想の精度を見極める助けになる。リンジーはニュースレターのなかで1961～1962年の例を使っており、本書でもそれを引用している。この期間のトップ・トップ・カウントのリストは、**表10.1**にまとめてある。

表10.1　1961年8月から1965年3月にかけた主なトップ・トップ・カウント

キーデイト	日数	トップ
8/24/1961	111	12/13/1961
9/25/1961	109	1/12/1962
11/30/1961	106	3/16/1962
1/29/1962	106	5/15/1962
2/26/1962	105	6/11/1962
6/4/1962	106	9/18/1962
7/6/1962	102	10/16/1962
8/21/1962	106	12/5/1962
10/1/1962	106	1/15/1963
10/12/1962	108	1/28/1963
3/31/1964	108	7/17/1965
10/15/1964	112	2/4/1964
12/1/1964	104	3/15/1965

カウントの一致

「いくつかのカウントが完璧に一致すれば、それはすぐ急落する理想的なセットアップである」。リンジーの言う完璧な一致とは、カウントの終わりが24時間以内にある場合を指している。

最初に、キーレンジを探す（**図10.1**には、いくつかのキーレンジが示されている）。1962年５月31日から６月６日までのキーレンジは、「沈んだキーレンジ」（下落相場の揉み合い）になっている。このケースはキーデイトが６月５日で、キーレンジの高値はその前の５月31日だったため、トップ後のカウントに分類できる。このキーデイトから107日を数えた目標日は９月20日で、これは実際の高値だった９月18日の２日後に当たり、５日の誤差の範囲に収まっている（８月23日の高値については24時間以内に一致するカウントがないため、「カウントの一致」のケースには当たらない）。

図10.1　カウントの一致

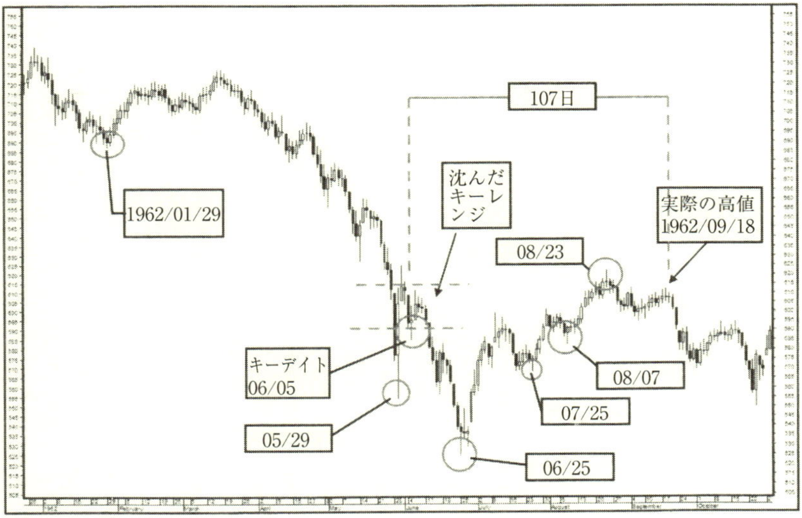

次は、重要な安値とマイナーな安値を探す。1962年５月29日の日中の極端な安値は重要な安値に当たる。ちなみに、５月29日から目標日の９月20日までには重要な安値とマイナーな安値が数回あり、これらの安値のすべてについて、カウントしてほしい。７月末のダブルボトムは、どの安値も除外してはならないことを思い出させてくれる好例で、７月25日の２つ目の安値を見過ごすと、このケースは完成しない。極端な安値を付けた日（５月29日）から７月末のマイナーな安値（７月25日）までは57日になっている。そこで７月末のマイナーな安値から57日を数えると９月20日になる。これは、107日カウントとまさに同じ日で、上昇相場のなかの日中の高値の日とも２日しか離れていない。このカウントは重要な安値を起点とした重要なカウントである。

別の安値・安値・高値サイクルも、同じ目標日を示している。明らかに重要な安値である1962年６月25日から８月７日のマイナーな安値までは43日ある。そこで、８月７日からさらに43日を数えると、目標日は９月19日になる。これは実際の高値の１日後で、107日カウントの目標日である９月20日の１日前に当たる。この例では、リンジーが６月25日には日中の安値を使っているのに、８月７日には終値を使っていることにも注目してほしい。彼は、７月にも日中の「極端な」安値という例外を適用している。リンジーは「極端」を定義していないが、日中の安値と終値の使い方を比較すると、何を「極端」と考えていたのかの感覚がつかめるようになる。いずれにしても、すべての安値についてカウントすることを忘れないでほしい。

リンジーは、「カウントの一致」に該当しない例も挙げているが、トップ・トップ・カウントに注目すればうまく検証できるだろう。このとき、リンジーは1962年１月29日の重要な安値からカウントを始め、５月28日の終値（その翌日の日中の極端な安値ではなく）を２つ目の安値としている。カウントは119日で、２つ目の安値から数えると目標日は９月24日になる。この日はすでに下落が始まっているが（つまり、安値・安値・高値カウントで高値を探せなかった）、実際の高値から５日以内には収まっている。このケースは、安値・安値・高値サイクルの２つ目の日付が「高値」でなくても、天井を特定できる好例になっている。

クラスター

「クラスターの最後のカウントが終わると、重要な下落相場が控えていれば、下落が加速する」

クラスターの例として、リンジーは1961～1962年の「メジャーなトップ」のケースを使っている（**図10.2**）。メジャーなトップは何カ月にも及ぶことが多く、そのなかにいくつかのコンパクトなトップを含んでいる可能性が高いが、このケースもそうなっている。「このトップは長引いた形で、……このタイプには通常２つのキーデイトがある。

図10.2　クラスター

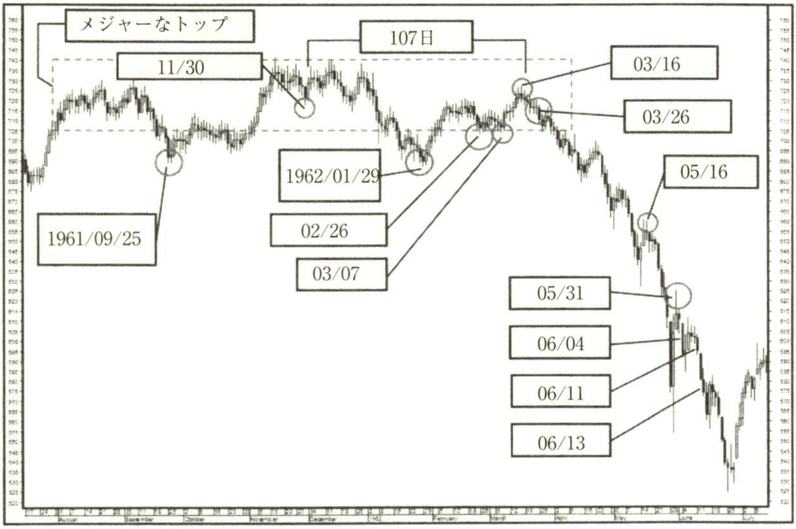

……これらのキーデイトはトップのなかの最高値よりもはるかに低い水準にあることを覚えておいてほしい」。キーデイトの1961年９月25日と1962年１月29日のキーデイトが最高値からどれくらい下にあるかを観察してほしい。

まず、キーレンジを探し、そのなかでキーデイトを探す。メジャーなトップのなかで、最も明らかなキーデイトは、コンパクトなトップのひとつであるダブルトップのなかの1961年11月30日にある。ここから107日をカウントすると、1962年３月19日になる。実際の高値はその前の取引日である３月16日で、これは金曜日だった。107日トップ・トップ・カウントは、日中の高値と決められている。

キーデイトと目標日が決まったら、重要な安値とマイナーな安値も決まる（終値を使う）。２つのマイナーな安値である1962年２月26日と３月７日のインターバルは９日間で、さらに９日数えると目標日は実際の高値を付けた３月16日になった。これは完璧な一致であり、日標日も１取引日しか離れていない。ただ、重要でないカウントは、重要なカウントで確認できなければ信頼できない。次に、重要なカウントが完璧に一致しない例を挙げておこう。

1962年１月29日は重要な安値で、２月26日までは28日ある。そこからさらに28日数えると、目標日は３月26日になる。リンジーは、１つのクラスターにマイナーな安値と重要な安値があるこのケースを、107日カウントとの不完全な一致と呼んでいた。「しかし、トップ・トップ・カウントは重要な安値・安値・高値カウントのひとつと一致するか、同じクラスターになければならない」。１つのクラスターのなかで、安値が対称的なトレーディングレンジにある必要はないが、だいたい同じエリアになければならない。クラスターが５～６週間以上続くことはほとんどない。そして、クラスターが終われば重要なカウントも、ほかの有効な目標レンジも一緒に終わる。リンジーは、トップ・トップ・カウントが終わったあとのダウ平均の動きについて、重要なカウントが終わって最初の大きな下落があることを、３月26日までにただ「消えていく」と表現している。「クラスターの最後のカウントが終わると、重要な下落相場が控えていれば、下落が加速する」。つまり、クラスターの最後のカウントが終わると、価格は本格的に下げ始める。

さらに、このメジャーなトップでは1961年９月25日と1962年１月29日に重要な安値がある。この間は重要なカウントで、126日離れている。そこからさらに126日を数えると、1962年６月４日が目標日になる。この日は、沈んだキーレンジのなかにある５月31日の日中の高値から２日以内にある。1962年６月４日には大きなブレイクがあったが、それを追従する動きは６月11日だった。理由は、「トップ・トップ・カウントが終了する直前に、価格がブレイクすることはけっしてない」からだ。1962年２月26日のキーデイトから107日数えると６月13日になり、これは６月11日の±５日の誤差の範囲に入っている。「価格は、トップ・トップ・カウントが終わる直前に必ず上がる」。いくつかのカウントを組み合わせると、この性質が非対称なクラスターを生み出す。

安値・安値・高値カウントのみの場合

「しかし、なかにはいくつかの安値・安値・高値カウントが一致するケースもある。これらは、ほかのタイプのカウントで確認しなくても使える。……通常、トップ・トップ・カウントが終了したあとにしか短期間に大きく下落することはない」

安値・安値・高値カウントは単独では役に立たないため、必ずトップ・トップ・カウントと組み合わせなければならないとリンジーは明言している。これは難しい概念ではないので、本書にはリンジーが使っていたチャートは載せていないが、次の言葉は繰り返しておくべきだろう。「通常、トップ・トップ・カウントが終了したあとにしか短期間に大きく下落することはない」。彼は、以前にトップ・トップ・カウントがなくても安値・安値・高値カウントを使うことはできると書いているが、彼が挙げた例と解説はそのあとの下落が小さくなるであろうことをはっきりと示している。

トレーディングレンジ

「いくつかの重要なカウントが一致しなくても、誤差が２～３週間であれば、そこはトレーディングレンジになっていることが多い。このようなときは、ブレイクの正確な日付が重要でないカウントで決まったとしても、最後の重要で弱気なカウントが終わり次第、価格はトレーディングレンジの最安値の水準まで下げると推測できる」

リンジーは、最後の重要でないカウントが終わるまで価格が下がらないことの特異性について、ほかの場面でも書いている。そして、この特徴は、すべてのタイプに適用できる。

リンジーが書き残すべきだと考えた共通の性質がもうひとつある。「価格が明らかに変動している時期にキーデイトがあるときは（1962年１月29日）、さらに自信を持ってカウントのあとで大きく下落すると予想できる」。メジャーなトップのなかのキーデイトは、低い水準から大きな下落が始まるタイミングとなる。メジャーなトップのなかの２つ目のキーデイトからのカウントは、新高値を探すためのものではない。この特定の「高値」とはちょっとした下落や新たな下落の基点となることが予想される。**図10.2**では、1962年１月29日（メジャーなトップの２つ目のキーデイト）から107日数えた目標日の５月16日が、短い揉み合いのなかの日中の高値の１日後に当たる。リンジーは、メジャーなトップの最初のキーデイトは重要でないことが多いが、そうでない場合もあるため必ずカウントしなければならないとも書いている。

結論

「たくさんあるトップ・トップ・カウントのどれがメジャーなブル相場の高値であるのかを事前に判断する方法があるのだろうか。この問題は、まだ解決していないが、部分的な解決策につながりそうな方法はいくつかある。そのひとつを紹介しよう」

リンジーは「部分的な解決策」として累積騰落ラインを説明したうえで、騰落ラインとダウ平均が乖離したときに彼のタイミングモデルがシグナルを出した例を示している。「われわれの理論によれば、騰落ラインとダウ平均が乖離したときに大きな下落がある可能性は最大になる。そして、そのときは明らかなトップ・トップ・カウントが見つかる」。彼は、これがブル相場のトップを探す唯一の方法だとは言っていない。従来のテクニカル指標を使う方法もあるということである。

「みんなマーケットトレンドの重要なシグナルを確実に教えてくれるたったひとつの簡単な方法を夢見ている。しかし、万能薬はまだ見つかっていない。それでも、いくつかの手法を組み合わせることで、精度を高めることはできる」

第4部

The Counts

カウント

第11章 長期サイクルとインターバル

Long-Term Cycles and Intervals

「私のサイクルに対する見方はみんなとは違っている。私はこれをインターバルと呼び、安値から高値、または高値から安値までの日柄を数える。インターバルもサイクルと同様に、理論的にのみ存在する将来のある時点を予測する。しかし、そのあとの動きを計算するときに、私は理論的な高値ではなく、マーケットが実際に付けた高値から数え始める。それが、サイクルとインターバルの違いである」――ジョージ・リンジー

リンジーのカウント法は、じょうご式という表現が最適だと思う。彼の分析は、長期の視点から目標日を探すための長期のインターバル（日柄）から始まる。次にそれらを、短期の視点から目標日を探すために短いインターバル（日柄）を使って絞り込んでいく。1981年10月16日にルイス・ルーカイザーが司会を務めるテレビ番組の「ウォールストリートウィーク」に出演したとき、「今回のベア相場はいつ終わって、ブル相場に入るのか」と聞かれたリンジーは、「ベア相場は、最も早ければ1982年８月26日ごろに終わる」と答えた。そして、このベア相場が日中の最安値を付けたのは８月９日だった。第４部「カウント」では、彼がこの答えを導き出した手法を紹介していく。

図11.1 長期サイクル

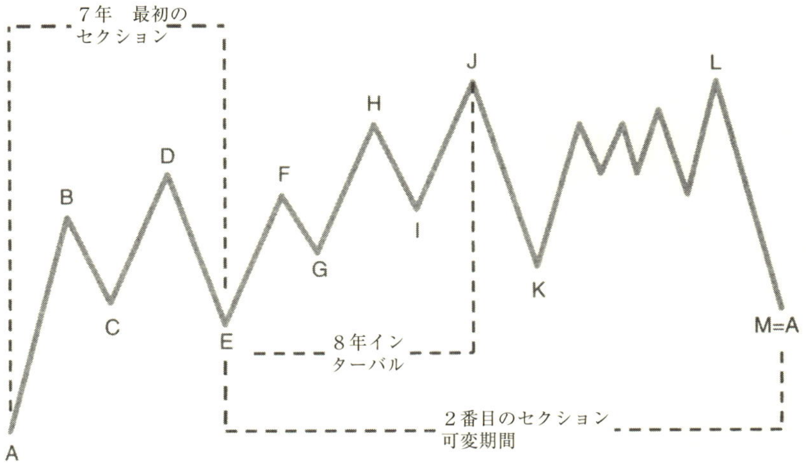

長期サイクル

リンジーは歴史上のメジャーな安値を分類し、長期サイクルを調べた。**図11.1**は、彼が1798～1949年にあったと考える反復パターンで、ここには3つの長期サイクルが示されている。サイクルは少しずつ変化しているが、本質的なパターンは150年間、驚くほど変わっていないとリンジーは書いている。チャート上のパターンの形は違って見えるかもしれないが、タイミングは同じなのである。形の違いに惑わされないでほしい。

A～Eの期間は約7年ある。これは完全に独立している。リンジーは、これを長期サイクルの最初のセクションと呼んでいる。ここでは、A～BとC～Dの2回の上昇が浅い下落で分かれていることに注目してほしい。そして、Eの安値は区分線になっている。

長期サイクルの2番目のセクションはE～Mで、この期間の長さは変化するが、最初のセクションよりもずっと長くなる。通常、３つのピークとドーム型の家のパターンは長期サイクルの最後に形成される。この図ではＫ～Ｍがそれに当たり、Ｍは常に最初の重要な安値になっている。３つのピークとドーム型の家のあとの安値Ｍは、次のサイクルのＡになる。リンジーは、複数（２つかときには３つ）の長期サイクルが同時に進行していることもあるとしている。つまり、チャートのある点は、異なるサイクルの別の過程なのかもしれない。

通常、Ａのあとの２回の上昇には勢いがあり、特にどちらかは大変強力な上昇になる。1962年のポイントＡのあと、1966年の終わりまでと1968年に２回の強い上昇がある。しかし、同時に進行していた別のサイクルでは、1962年の安値はポイントＩで、そのあとの上昇はやや強い程度だった。このように見ていくと、次の1966～1968年の上昇は３つのピークとドーム型の家ということになる。

このチャートでは、１番目（Ｂ～Ｃ）と３番目（Ｆ～Ｇ）と４番目（Ｈ～Ｉ）の下落は緩やかで、２番目（Ｄ～Ｅ）と５番目（Ｊ～Ｋ）と６番目（Ｌ～Ｍ）は急落している。1949～1966年に同時進行していた２つのサイクルのうち大きな下落を予想していたのは１つだけだったが、実際には1957年や1960年、1962年、1966年でこのような下落が起こっている。それぞれのケースで、一方のサイクルが大きな下落を示唆し、他方が緩やかな下落を示唆している。ところが、1969年になると両方が同時に急落した。だからこそ、1969年のベア相場は第二次世界大戦前から見ても最も厳しい下落となった。リンジーは、1977～1978年まで（その次は1980～1981年まで）は大きな下落がないと予想していた。彼が1973～1974年の下落についてどのような説明をしたのかは分かっていない（これらの情報は、リンジーが1970年に書いた論文から引用している。彼は、ポイントＦとポイントＢが1972年、ポイントＧとポイントＣが1973年、ポイントＨとポイントＤが1975年、ポイントＩとポイントＥが1976年、ポイントＪとポイントＦが1977年、ポイントＫとポイントＧが1978年、ポイントＬとポイントＭが1980年、ポイントＭ［ポイントＡ］とポイントＩが1981年になると予想していた。本書では、リンジーの３つのピークとドーム型の家の手法を使ってこれらの時期を再編成している)。しかし、彼の次の文は正しい。「しかし、1975年に大きな変化がある。そこから1981年まではほとんどの時期において比較的弱い動きになる。1969年ほどひどい年はないだろうが（これは明らかに間違いだった)、この５年間は全体として1930年代以降で最も弱気になるだろう」

図11.2は、1962～1982年に同時に進行していた２つのサイクルを示している。

長期サイクルのパターンを見る主な目的は、長期のインターバルを探すことにある。観察すべき長期インターバルは３つある。最初のインターバルは８年間で、安い水準から高い水準に向かう。これは**図11.1**ではＥからＪの期間で、ＪはＨより安くても何ら問題はない。インターバルはトレンドではないため、全体のなかの最高値で終わる必要はない。８年間のインターバルは、Ａ～Ｍのどのポイントからでも始まることがあるが、Ｅ～ＪとＣ～ＨとＫ～Ｄからが最も多い。ただ、後者の２つは頻度は高くても、Ｅ～Ｊほど信頼度は高くない。

２番目の長期インターバルは15年間で、これも安く始まり高く終わる。Ａ～Ｊの期間は通常15年間続く。その次のサイクルであるＥ～Ｄもやはり約15年間だが、これは16年に伸びることもある。ちなみに、次のサイクルのＫ～Ｈも15年のインターバルになる。

３番目の長期インターバルは、唯一高く始まって安く終わり、期間は12年２カ月から12年８カ月の間で変化する。このインターバルには２つの便利な点がある。始点が見つけやすいことと重要な安値で終わることである。ポイントＤから12年のインターバルを数えると、たいていはＭで終わる（例えば1937年３月～1949年６月)。12年間のインターバルは、その次のサイクルのＪ～Ｅにもある。

図11.2　長期サイクル

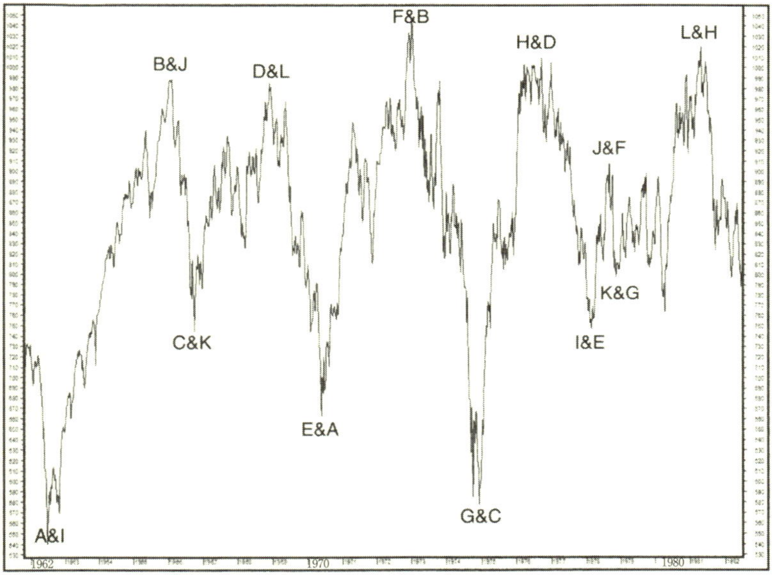

長期インターバル

「インターバルについては18世紀までさかのぼって調べてある。最初に発見したのは、1798～1813年のインターバルだった」

「インターバル」とは、単に重要な安値から重要な高値までの経過、またはその逆を指す。インターバルと呼ばれているのは、その間の変動は無視しているからである。インターバルは、その時期のトレンドに関係なく進行し、変化の回数や、終わりの水準が始まりの水準よりも高いか安いかも関係ない。

２つの最も重要な長期インターバルは、常に15年間（底からトップ）と12年間（トップから底）になっている。ただし、ぴったりとこの年数になるわけではない。12年間のほうはたいていは12年２カ月から12年８カ月の間で推移している。また、15年のほうは15年から15年11カ月の間と変化の幅が大きくなっており、特別な条件がなければ15年２

カ月から15年４カ月が平均的な長さと言える。ただし、これは価格トレンドが15年間上昇したり12年間下落したりするということではない。インターバルは、高値から安値に向かえば下落と考え、逆も同じである。ただ、反転した価格の相対的な水準は関係ない。例えば、12年のインターバルは高値から始まり安値で終わっていても、その12年間が長期的なブル相場の途中ならば、始まりの高値よりも最後の安値が高い場合もある。

15年インターバル

「最も重要な長期インターバルは、約15年間かそれより少し長い。カウントは、ベア相場の安値から始めるが、ときにはチャート上で特に目立つ日中の安値から始めることもある。そして、15年間のインターバルは必ず何らかの高値で終わる」

15年インターバルのカウントは、重要な安値から始め、カウントの最後には高値がなければならない。長期インターバルは反転する正確なときを教えてくれるわけではない。インターバルの役割は、次の動きの重要性を予想することにある。1957年７月12日の重要な高値は、1942年４月28日の画期的な安値から15年と2.5カ月後ということで重要だと分かる。これらの長期インターバルは高値や安値の正確な「住所」を提示するものではなく、むしろ正しい「郵便番号」を探すためのものと考えてほしい。記録に残っている15年インターバルの誤差は、これまでで最長が16年３カ月、最短が14年９カ月だった。

「15年インターバルは、最短と最長の違いが11カ月以上ある。11カ月もずれる不正確な測定に何の意味があるのか、という意見もあるだろうが、15年インターバルの目的は正確なタイミングを知るためではなく、見通しを得るためなのである。そして、15年インターバルを短いカウントと比較していくことで、下落の時期を絞り込んでいく」

図11.3　15年インターバル

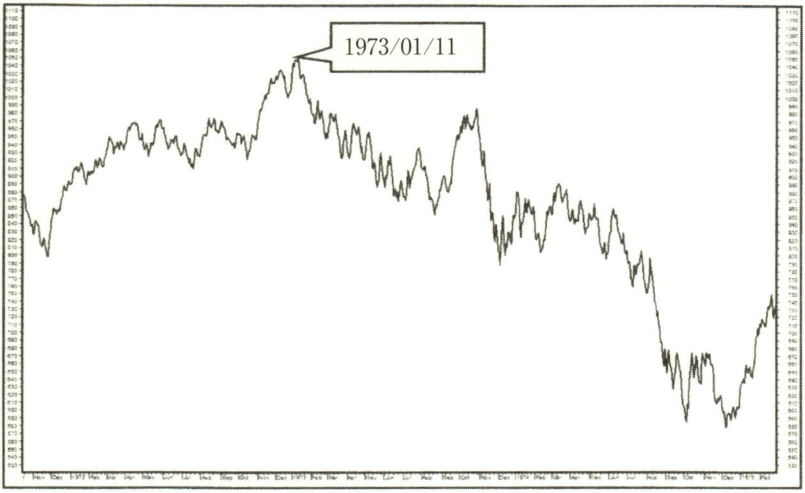

『アニュアル・フォーキャスト・フォア1972』（ストック・トレーダーズ・アルマナックに寄稿）のなかで、リンジーは「長期の予測によれば、1957年10月22日のベア相場の底から15年かそれより少しあとにメジャーな高値を付ける。ただし、このカウント方法は、たいていは信頼できるが正確ではない。この原稿は、大統領選挙の投票日から16カ月前の1971年７月に執筆しているため、詳細なタイミングの材料はまだ手に入っていない。しかし、今ある情報を使って重要な高値が1972年11月10日ごろになることはすでに分かっており、これは15年インターバルの目標日や投票日とほぼ一致する」と書いている。**図11.3**からも明らかなように、ブル相場の実際の高値は15年と３カ月弱で付けている。これは、1957年の高値よりも３カ月あとで、リンジーの15年インターバルのわずか２カ月後だった。**表11.1**に15年インターバルの例を挙げておく。

表11.1　長期インターバル

上昇			下降		
安値	カウント	高値	高値	期間	安値
9/14/1914*	14年11カ月20日	9/3/1929	11/13/1919	12年８カ月	7/8/1932
8/24/1921	15年６カ月14日	3/10/1937	3/20/1923	12年	3/14/1935
10/27/1923	15年16日	11/12/1938	2/11/1926	12年1.5カ月	3/31/1938
7/8/1932	15年11カ月７日	6/15/1948	9/3/1929	12年８カ月	4/28/1942
7/26/1934	15年10カ月17日	6/12/1950	2/5/1934	12年８カ月	10/9/1946
3/31/1938	14年９カ月５日	1/5/1953	3/10/1937	12年３カ月	6/13/1949
4/28/1942	15年２カ月14日	7/12/1957	5/29/1946	12年２カ月	7/14/1958
11/30/1943	15年８カ月３日	8/3/1959	6/15/1948	12年４カ月	10/25/1960
10/8/1946	15年２カ月５日	12/13/1961	1/5/1953	12年６カ月	6/28/1965
6/13/1949	15年11カ月	5/14/1965	7/12/1957	12年10.5カ月	5/26/1970
7/13/1950	15年６カ月27日	2/9/1966	1/5/1960	12年6.5カ月	7/20/1972
9/14/1953	15年２カ月19日	12/3/1968	12/13/1961	12年10カ月	10/4/1974
10/21/1957	15年２カ月21日	1/11/1973	2/9/1966	12年１カ月	3/1/1978

* カーブ株価＝ザ・ニューヨーク・カーブ・マーケット・アソシエーションは、ブロード街にあるNYSE（ニューヨーク証券取引所）のすぐ近くの屋外で、NYSEに上場されていない証券を取引していたが、1914年末にNYSEが閉鎖されたときはすべての証券を取引した

12年インターバル

重要な高値から重要な安値までは12年と何カ月間か続く。安値は、たいていは12年２カ月から12年８カ月の間にある。

1961年12月13日に始まった高値から安値の長期インターバルを検証してみよう。通常は12年８カ月先の1974年８月までには終わるはずである。過去100年間でこの期間を大幅に超えたケースは、1970年と1974年の２回しかなく、どちらも12年10カ月だった。つまり、1974年の安値は、予定よりも２カ月遅れたことになる。ただ、12年という期間のなかで２カ月間の誤差はさほど大きいとは言えない。

12年インターバルのあとは、最低でも７カ月かそれ以上の上昇があることをぜひ覚えておいてほしい。

図11.4は、リンジーがニュースレターで紹介したチャートの一部を再現したもので、これは連続性の原則（上昇インターバルが15年で終わるとすぐに12年の下降インターバルが始まる、またはその逆）と複数のインターバルが重複しながら同時に進行していることを示している（リンジーは、1926年２月11日のポイントＳを1911年の安値から15年４カ月と間違って記しているが、実際には14年４カ月だった。残念ながら、この間違いが彼の分析に影響を及ぼしたのかどうかは分からない。また、彼はポイントMMを1946年の安値から15年２カ月と記しているが実際には15年だったし、ポイントCCは1950年の高値から12年４カ月と記しているが実際にはちょうど12年だった）。**表11.1**の、12年インターバルのサンプルも参照してほしい。

表11.1は、この時期の長期インターバルをすべて網羅しているわけではなく、リンジーが言及したケースを集めたものである。彼はいくつかの期間について、のちに修正している。

図11.4　長期インターバル

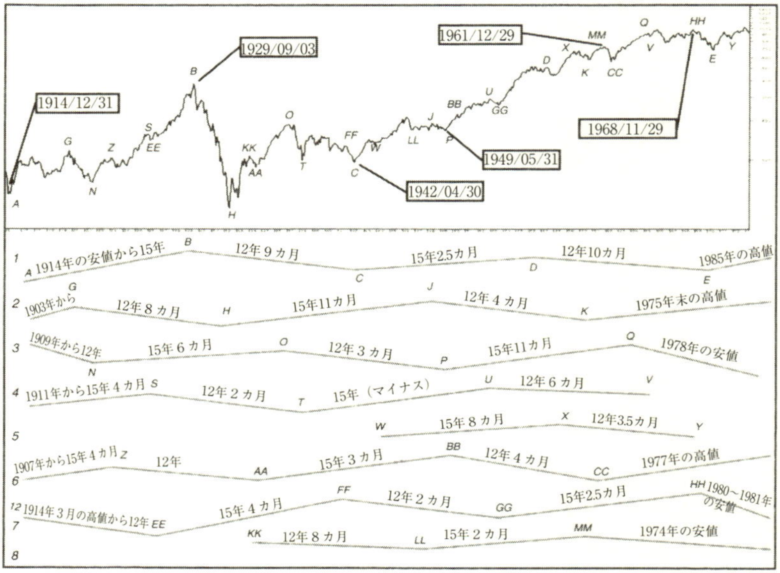

８年インターバル

「いつものベア相場の安値からだけでなく、本当に明確な底からカウントすると、８年後に必ず鋭いブレイクがある。このブレイクは非常に速くて深いため、２～３カ月のうちに重要な高値と重要な安値の両方を付けることが予想される。1929年の暴落は、1921年の安値の８年後に起こった。また、史上最安値を付けた1932年から８年後の1940年５～６月には、ドイツのフランス侵攻を受けてマーケットは大きく下落した。５年間のベア相場の最後に安値を付けた1942年の８年後には、朝鮮戦争が勃発してマーケットは1950年６～７月に大きく下落した。1957年のブレイクは1949年のメジャーな安値の８年後で、1962年の安値から８年後の1970年春にもマーケットは暴落している。これらの下落に共通する特徴はその深さだけでなく、重要な高値と重要な安

図11.5　8年インターバル

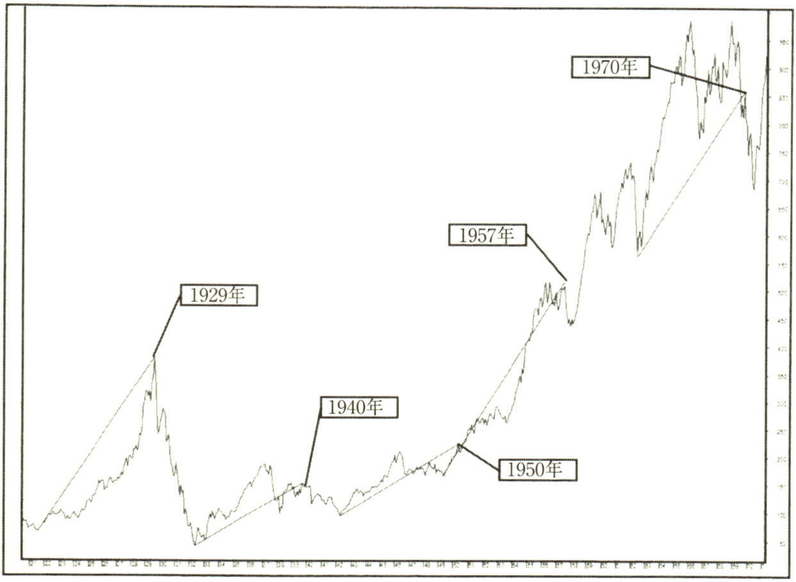

値をわずか２～３カ月の間に付けていることにある」

８年インターバルは、必ずしもブル相場の高値をピンポイントで示すものではなく、むしろある程度の下落を予想するものである。予想した下落は、ブル相場の天井（1929年）を形成するかもしれないし、ベア相場の最後の下落（1970年）だったり、その途中の下落かもしれない（**図11.5**）。いずれにしても、必ず２～３カ月程度の急落があり、そのあと急回復して、それが普通は最低でも５カ月程度続く。リンジーが取り上げた例は、すべて７年９カ月～８年２カ月の範囲に入っているため、目安としては８年から８年２カ月でカウントすればよいだろう。ただ、この長期インターバルを使って下落時期を探すときには、リンジーが強調した次の点も忘れないでほしい。「どのケースにおいても、重要な高値と重要な安値がわずか２～３カ月の間に付いている」

長期サイクルのなかには、ポイントＡとポイントＥの特徴を両方持つ安値もある。そして、このような安値から８年後には、重要な天井と重要な底を続けて付け、どちらもある程度重要な反転となっている。例えば、1921年の安値はポイントＥとポイントＡ両方の特徴を持っており、その８年後の1929年は９月３日～11月13日にかけて激しく下落した。しかし、その直後に強い上昇相場が始まり、それが５カ月間続いた。つまり、重要な高値（９月）と重要な安値（11月）の両方が1921年の安値から約８年後に付けている。このような例は数多くある。ポイントＡとポイントＩの特徴を持った1962年６月の安値の８年後には、1970年春の下落がある。つまり、３つのピークとドーム型の家の安値を除いて、チャート上にはっきりと形成された長期サイクルの安値は、通常８年後に高値を付けるのである。

12年インターバルと15年インターバルは、マーケットの長期予想を大まかに算出する方法にすぎず、正確なタイミングを期待すべきではない。ちなみに、時間の要素だけを使って将来の転換点を予想するための方法があと２つある。１つが第13章で紹介する「ミドルセクションからのカウント」で、もう１つは標準期間で構成する「基本的な値動き」である。「標準」という名称は、マーケットの歴史を通してほぼ同じ日数が繰り返し登場しているからである。標準期間は、ミドルセクションからのカウント（見つかったときのみだが）ほど正確ではないが、長期のインターバルよりははるかに信頼できる。基本的な値動きについては、第12章で紹介する。

結論

本章の内容を簡単にまとめておく。今後の指針として利用してほしい。

長期のインターバル

●インターバルは、全体のトレンドや、途中の変化の回数や、始点と終点の相対的な高さとは関係なく進行する。

15年インターバル

●安値から始まり、高値で終わる。

●15年インターバルの長さは、15年～15年11カ月程度である。

12年インターバル

●高値から始まり、安値で終わる。

●12年インターバルの長さは、12年２カ月～12年８カ月程度である。

●12年インターバルのあとには、最低でも７カ月かそれ以上上昇する。

８年インターバル

●安値から始まり、高値で終わる。最後にかなりの下落が予想される。

●重要な高値と重要な安値の両方が２～３カ月の間に付く。

●８年インターバルの長さは、７年９カ月～８年２カ月程度である。

●下落のあとは急回復して、それが通常は５カ月以上続く。

第12章
基本的な値動き

Basic Movements

「この手法の根本には、株価が約２年上昇して約１年下落し、また２年上昇して１年下落するというパターンを永遠に繰り返していることがある。２年上昇すると１年下落する動きを、私は中期カウントと呼ぶことにする」――ジョージ・リンジー

長期インターバルは目標日を教えてくれるが、そのレンジはかなり幅広い。「しかし、最も重要な高値や安値を付ける前に、それを算出する方法が少なくとももうひとつはある」。そこで、さらに正確なタイミングを求めて、「基本的な値動き」に頼ることにする。基本的な値動き（基本となる上昇と基本となる下落）とは、さまざまな中期カウントで構成されており、「標準期間」とも呼ばれている。

ここでは、中期カウント（長さは日数で示す）と長期インターバル（８年、12年、15年）という２つのインターバルを組み合わせて予想をしていく。２つの目標日が近いときは、大きく下げる可能性が高まる。基本的な値動きの最後と長期インターバルの最後の時期が一致すると、明確で激しい動きになることが多い。

主な期間は「基本」と呼ばれ、10カ月～３年継続する。実は、読者は３つのピークとドーム型の家のなかで基本的な上昇の１つをすでに

学んでいる。幸い、これ以外の基本的な上昇や基本的な下落はもっと単純で、上昇や下落の継続期間（日柄）によって分類できる。また、基本的な値動きにはさまざまな期間があるが、どれも一定の限度に収まっている。

リンジーの継続ルールは、下降トレンド（基本となる下落、あるいは高値から安値に向かう長期インターバル）が終わると、必ずその直後に同じタイプの上昇トレンドが始まる（またはその逆）としている。標準期間は、基本となる高値や基本となる安値のどこからでもカウントを始めることができる。また、基本的な値動きは「重要な」高値や「重要な」安値（チャート上で明らかな高値や安値）からカウントしてもよい。

標準期間

「人々は、『時代は変わった』とか『今は状況が違う』などと言うが、標準期間は190年間変わっていない。どの価格の動きよりも均一に近い形を維持してきたのである」

標準期間の記録は1798年までさかのぼることができ、1861年以降は詳細な記録がある。標準と呼ばれているのは、同じ継続期間が繰り返し起こっているからである。もちろん、まったく同じというわけではないが、短期の期間（107日インターバルや３つのピークとドーム型の家）で修正されながらも、一定の範囲にきちんと収まっている。

期間のさまざまなタイプ（長期の基本的な上昇、短期の基本的な下落など）のカウントがぴったりと一致するわけではないが、同じクラスターに分類できることが多い。数字は違っても、ある程度の範囲に収まるのである。歴史を通して、実質的に同じ数字が繰り返し登場している。基本的な値動きは、このような現象の期間に基づいて作られている。

リンジーは、動きの長さを８つの区分に分け、それらを基本的な値動きと名付けた。

基本的な上昇	基本的な下落
短期よりも短い上昇	短期よりも短い下落
短期的な上昇	短期的な下落
長期的な上昇	長期的な下落
超長期的な上昇	
横ばい	

基本的な上昇

約２年間の上昇のあとで約１年間下落するか横ばいになる。そのあとすぐに新しい上昇が始まり、同じパターンが断続的に続いていく。ただし、その値動きの期間や大きさがいつも同じわけではない。**表12.1**は、さまざまな期間の上昇相場を示している。すべての３つのピークとドーム型の家は、「基本的な上昇」だが、すべての基本的な上昇が３つのピークとドーム型の家のパターンになるわけではない。基本的な上昇は、ブル相場と同じことを意味する場合が多いが、ときには異常に長いブル相場のほんの一部を指すこともある。

このなかで、本当に短期よりも短い上昇はわずか３つしかない――1932～1934年（577日）と1946～1948年（615日）と1960～1961年（414日）。リンジーのこの観察は非常に興味深い。彼がさまざまな資料に掲載したこれ以外の短期よりも短い上昇は、彼が最終的なカウントとして認めたものではなく、教育の目的で用意された一時的な「練習用カウント」にすぎないからである。

短期の基本的な上昇は、約２年間かそれより少し短い。平均期間は683日で、通常は630～718日だが、大部分は700日を超える。

長期の基本的な上昇は約２年２カ月、つまり775～805日程度で、平

表12.1　基本的な上昇

上昇相場	短期よりも短い	短期	長期	超長期
4/12/1877–11/12/1879				944
9/27/1880–9/15/1882		718		
*10/11/1880–9/15/1882		704		
1/17/1884–11/19/1885		672		
12/29/1884–12/3/1886		704		
4/2/1888–5/17/1890			775	
o-12/8/1890–1/21/1893			775	
7/26/1893–9/5/1895			771	
8/8/1896–4/3/1899				968
*6/23/1900–9/9/1902			808	
9/24/1900–9/9/1902		715		
6/23/1900–6/17/1901	357			
9/24/1900–6/17/1901	266			
10/15/1903–1/19/1906			827	
11/9/1903–1/19/1906			802	
11/15/1907–8/14/1909		638		
11/15/1907–10/2/1909		687		
7/26/1910–9/29/1912			796	
6/11/1913–12/27/1915				929
12/15/1913–12/27/1915			742	
12/19/1917–11/3/1919		684		
*12/21/1920–3/20/1923			819	
*5/20/1924–2/11/1926		632		
*1/25/1927–9/3/1929				952
*6/2/1931–7/17/1933			776	
7/8/1932–2/5/1934	577			
7/26/1934–3/10/1937				958
3/14/1935–3/10/1937		727		
3/31/1938–4/8/1940		739		
*5/1/1941–7/14/1943			804	
*4/24/1944–5/29/1946			765	

上昇相場	短期よりも短い	短期	長期	超長期
9/6/1944–5/29/1946		630		
o-10/8/1946–6/14/1948		615		
6/13/1949–9/13/1951			822	
5/1/1952–1/5/1953	249			
9/14/1953–4/6/1956				935
10/22/1957–8/3/1959		650		
10/22/1957–1/5/1960			805	
10/25/1960–12/13/1961	414			
10/25/1960–11/15/1961	386			
*10/23/1962–5/14/1965				934
10/7/1966–12/3/1968			788	
1/30/1970–8/22/1972				935
5/26/1970–8/22/1972			819	
5/26/1970–1/11/1973				961
10/4/1974–9/21/1976		718		

o- 重複した上昇相場
* 二次的な安値
- 表12.1はこの期間のすべての基本的な値動きを記録したものではない。この表は、リンジーが何らかの形で書き残した期間を集めてある。一部の期間には、リンジーがのちに多少の修正を加えた形跡がある。
- 1910年よりも前については、鉄道株指数が使われ、それ以降はダウ工業株平均が使われている。
- 1885年よりも前については、リンジーが1861年以降算出していた７つの代表的な銘柄による指標を使っている。ただし、このデータにはギャップがある。

均すると795日になる。これまでに742～830日が観察されている。

超長期の基本的な上昇は、ベア相場に中断されずに長期に続く上昇相場のことで、929～968日続き、平均すると953日になる。これまでに968日を超えたことはない。

1877年から1972年12月までに、８つの超長期の上昇があった。

これまでで最長の横ばいは、348日、つまり11カ月間続いた。横ばいの最高値は、初めにあるときもあれば途中にあるときも終わりにあるときもある。横ばいになるとトレンドは中断される。横ばいの例は**表12.3**に載せてある。

基本的な上昇が終わると、同じ日に必ず新しい下落が始まるということを覚えておいてほしい。

基本的な下落

短期よりも短い基本的な下落は300日未満の下落で、222～250日の場合が多い。

短期の基本的な下落は317～364日で、平均は345日。最も多いのは340～355日。

長期の基本的な下落は、376～446日続く。最も多いのは395～425日で、これは13～14カ月に当たる。平均は408日。

リンジーは、基本的な下落にはほぼ同じ価格レンジを持った２つの連続した上昇が含まれていると書いている。例えば、1931年６月～1932年７月の下落の間の上昇については次のように書いている。「このケースは基本的な下落のなかの２つの上昇があるべきところにある」。また、1930年４月～1931年６月の下落のケースは、理論とは違って２つの上昇の価格レンジが異なっていた。ちなみに、大部分のケースでは２つか３つある上昇の高値は切り下がっていく。

短期よりも短い基本的な値動きは、下落相場では普通に見られるが、上昇相場ではたまにしか見られない。マーケットの歴史における上昇相場は、ほとんどが通常の長さなのに対して、下落相場の多くは短期よりも短い長さだった。この日数も、ほかの標準期間と同じようにさまざまな日数があるが、221～224日が多いことは興味深い。読者は、これが３つのピークとドーム型の家と同じ日数だということに気がつくだろう。「221～224日のインターバルは、歴史の至るところにある。このなかには、高値から安値、安値から高値、高値から別の高値、安値から別の安値などの場合がある」

基本的な安値を付けたときは、直後に新しい基本的な上昇が始まることを忘れてはならない。

基本的な値動きで特に長かったり短かったりする場合は、上昇よりも下落のほうがはるかに多い。これは重要なポイントで、短期よりも短い下落はたくさんある。基本的な下落がマイナーな安値で終わる場合が多い理由もここにある。事前に計算できる動きには、それぞれに特別な理由がある。基本的な下落の例は**表12.2**にまとめてある。

表12.1と**表12.2**の数字は、1876年以降のマーケットにおける大きな値動きを日数（暦日）で示している。上昇や下落の期間は４つのタイプに分類してある。各列の日数はさまざまだが、比較的近い範囲に収まっている。ここに記録されている上昇相場は、ほんのいくつかのパターンからできているように見える。

基本的な高値を付けたあとで価格が下がり始めると、私たちはマーケットの安値を探す。そして、安値が明らかになれば、直近の基本的な高値からの期間を記録する。もしこの期間が標準期間に近ければ、その安値は基本的な安値に間違いない。この場合、その安値が下落相場全体の最安値かどうかは関係ない。実践的なルールとして、マーケットが高値から下落しているときは、下降トレンドが340～355日（短期の基本的な下落の典型的な日数）か、395～425日（長期の基本的な下落の典型的な日数）かに注意してほしい。もしマーケットが底を形

表12.2　基本的な下落

下落相場	短期よりも短い	短期	長期	超長期
2/15/1876–4/12/1877				417
9/15/1882–1/17/1884				489
2/16/1884–12/29/1884		317		
12/3/1886–4/2/1888				486
5/17/1890–7/30/1891				439
o-3/4/1890–7/26/1891				509
4/18/1892–7/26/1893				464
9/5/1895–8/8/1896		338		
4/3/1899–6/23/1900				446
[1] 9/5/1899–9/24/1900				384
9/9/1902–10/15/1903				401
9/17/1906–11/15/1907				424
12/11/1906–11/21/1907		345		
[1] 10/9/1906–11/15/1907				402
12/11/1906–11/15/1907		339		
o-8/14/1909–7/26/1910		346		
11/19/1909–7/26/1910	249			
9/28/1912–12/15/1913				443
11/21/1916–12/19/1917			393	
[2] 11/3/1919–12/21/1920				414
3/20/1923–10/27/1923	221			
3/20/1923–5/19/1924				426
2/11/1926–1/25/1927				
[1, 2] 4/17/1930–6/2/1931				411
6/27/1931–7/8/1932				376

成しているようならば、それは基本的な安値が近づいているという明らかな証拠だということを覚えておいてほしい。同じことは、マーケットの高値についても言える。

基本的な値動き（上昇または下落）が特定の標準期間の最長期間よりも長くなれば、その値動きは次の段階まで継続すると推測できる。例えば、短期の下落に見えた動きが364日を過ぎると、少なくとも長期の下落の最短期間（376日）までは続くと推測できる。また、長期

下落相場	短期よりも短い	短期	長期	超長期
7/18/1933–7/26/1934			374	
[2] 2/5/1934–3/14/1935				402
2/5/1934–9/17/1934	224			
3/10/1937–3/31/1938			386	
4/8/1940–5/1/1941			388	
7/14/1943–4/24/1944	285			
7/14/1943–9/14/1944				428
5/29/1946–5/19/1947		355		
6/14/1948–6/13/1949		364		
9/13/1951–5/1/1952	231			
1/5/1953–9/13/1953	251			
[1] 8/2/1956–10/22/1957				446
o-8/3/1959–10/25/1960				449
1/5/1960–10/25/1960	294			
11/15/1961–6/26/1962	222			
[2] 11/15/1961–10/23/1962		342		
12/13/1961–10/23/1962		325		
2/9/1966–10/7/1966	240			
12/3/1968–1/30/1970				423
[1] 5/14/1969–5/26/1970			377	
1/11/1973–8/22/1973	223			
[1] 10/26/1973–12/6/1974				406
[2] 10/26/1973–10/4/1974		343		
12/31/1976–2/28/1978				424
6/15/1981–8/12/1982				423

1　基本的な下落の始まりは高値ではなく、ピークを回復しようとしたところから始まる。
2　基本的な下落は二次的な安値で終わる。
O　重複した下落相場

- 表12.2はこの期間のすべての基本的な値動きを記録したものではない。この表は、リンジーが何らかの形で書き残した期間を集めてある。一部の期間には、リンジーがのちに多少の修正を加えた形跡がある。
- 1910年よりも前については、鉄道株指数が使われ、それ以降はダウ平均が使われている。
- 1885年よりも前については、リンジーが1861年以降算出していた７つの代表的な銘柄による指標を使っている。ただし、このデータにはギャップがある。

の上昇相場が830日を超えれば、それは超長期の上昇で、最短でも929日にはなると考えられる。

交代の原則

交代の原則は、次の上昇や下落が長期か短期かを予想する助けになる。1798年以来、長期の下落があれば、次の下落は短期で、そのあとは長期というように続いてきた。この原則には例外がほとんどなく、それは上昇についても変わらない（ただし、1973～74年のベア相場は例外だった）。

基本的な値動きと長期インターバルを勘案する

近い将来について基本的な値動きと長期インターバルを比較すると、現在の動きが短期よりも短いのか、短期なのか、長期なのか、超長期なのかを判断できる。

基本的な値動きと長期インターバルを組み合わせ、次の動きがいつ終わるかを判断することで、現在の動きの終わりを推定できる。例えば、現在が下落相場の場合、標準期間を過ぎたあとに次のブル相場は高値を付けなければならないので（安値から15年後）、現在の下落相場はそれに間に合うように終わらなければならない。つまり、次の上昇（標準期間に基づいて）が通常の期間を経過したあと目標期間の15年インターバルで終わるように、現在の下落相場は終わらなければならないのである。

特別ルール――超長期の基本的な上昇のあとの下落

通常、基本的な下落はブル相場のトップから数え始める。しかし、

図12.1　特別ルール

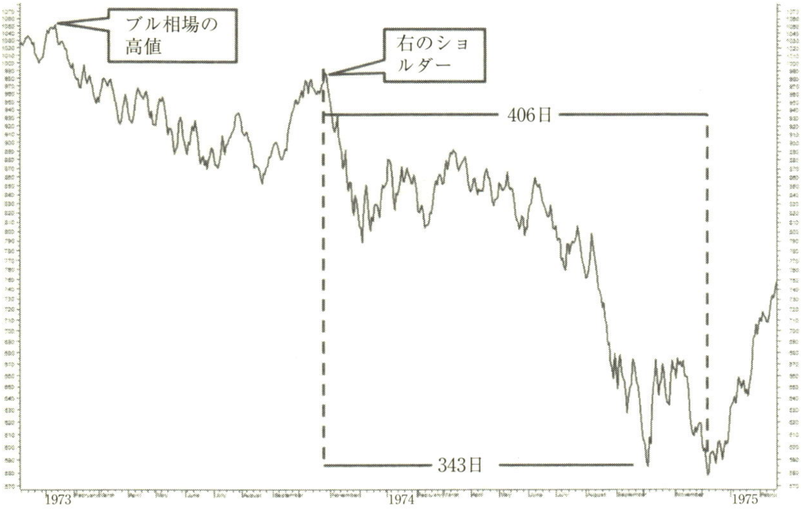

超長期の上昇のあとには、特別ルールが適用される。このルールは、歴史を通して有効だった。超長期の上昇（929～968日）のあとの基本的な下落は、すぐには始まらない。最初に準備的な下落と高値を回復しようとする動きが起こるのである。**図12.1**を見ると、基本的な下落はブル相場の高値から始まっていない。価格は1973年１～８月に何回か戻しながら下落したあと、８月の安値から10月26日まで一気に上昇して１月の高値を回復している。このときの10月の高値は、通常「右のショルダー」と呼ばれている。通常、右のショルダーはブル相場の高値と同じ水準にはならないが、右のショルダーがヘッドよりも高くなったケースが過去に２回あった。

表12.2を見ると、短期の基本的な下落期間は317～364日で、平均は345日になっている。1974年10月４日の安値は、1973年10月26日の安値から343日後で、これは平均よりも２日短いだけの典型的な短期の下落と言える。

ヘッド	右のショルダー	月数	短期の下落	長期の下落	基本的な安値
1/19/1906	10/9/1906	9		402	11/15/1907
12/27/1915	11/21/1916	11		393	12/19/1917
9/3/1929	4/17/1930	7		411	6/2/1931
*3/10/1937	8/14/1937	5		386	3/31/1938
5/14/1965	2/9/1966	9	240		10/7/1966
12/3/1968	5/14/1969	6		377	5/26/1970
1/11/1973	10/26/1973	10	406		10/4/1974

＊超長期の基本的な上昇のあと、ブル相場は1937年３月10日に高値を付け、８月14日には明らかな右のショルダーを形成した。しかし、このケースでは、基本的な下落を右のショルダーではなくヘッドからカウントしている。一般的に、ヘッドと右のショルダーの間が５カ月以下であれば下落はヘッドから数え始め、５カ月を超えていれば右のショルダーから数え始める。

それではもし1973年10月26日から長期の基本的な下落のカウントを始めるとしたらどうなるのだろうか。長期の下落は376～446歴日で平均は408日である。1973年10月26日から408日を数えると1974年12月８日になる。ダウ平均は、このほんの２日前の12月６日に、安値を付けている。

しかし、1973～1974年のベア相場が特異なケースだということが、なぜ事前に分かったのだろうか。この暗号を解くカギは、ブル相場の高値（ヘッド）と右のショルダーの間の長さにある。もしこの長さが５カ月以上ならば、この下落相場はとても長くなる場合が多い（ただし必ずではない）。表に、過去の右のショルダーからの日数を挙げておく。

二次的な安値

「マーケットの動きに関して、値幅よりもの期間のほうがずっと均一に近いことに気づいているアナリストがいないことに私は驚いている。もしかしたら、私のように二次的な高値や二次的な安値からカウントを始める人はあまりいないことが理由かもしれない」

メジャーなベア相場の典型的な長さは13～14カ月だが、それよりも長いものもあれば短いものもある。いずれにしても、下降トレンドの14カ月を超えた部分は長くは続かない。たとえこれが長くなったとしても、マーケットはブル相場の高値から13～14カ月で明らかな安値を付けることが多い。「単なる二次的な天井や底ではなく、チャートを見たときにすぐに目に付く二次的な高値や安値だ」。そして、それが見つかったときは重要な安値になる。この安値は、ベア相場全体の最安値である必要はないが、明らかに突出した安値でなければならない。次の上昇へのカウントは、その安値から13～14カ月の辺りから始める。

もしベア相場が14カ月を超えても（基本の安値とは同時に起こらないし、起こることができない長期インターバルに対応して）、前の高値から13～14カ月経過したころに付けた安値からカウントを始める。この安値は、継続性を確立させるためのカギとなる。13～14カ月の安値を付けたのが大底を付ける前の場合は、そのあとに775～805日の長期の基本的な上昇が続く。その場合、13～14カ月を過ぎたあとの上昇期間はさまざまで、長ければ５カ月にも及ぶ。しかし、この上昇の長さはあまり重要ではない。ここで大事なのは、上昇期間が終わればマーケットが再び下落し、そのあとの下落は常に短い（３カ月を超えない）ということである。二次的な安値までの下落が101日より長く続くことはあまりない。

なかにはベア相場が８～10カ月しか続かず、13～14カ月で明確な安値を付けないこともある。そのときは、そこにある安値を使うしかない。例えば、1966年のベア相場は８カ月しか続かず、そのあとにはっきりとした二次的な底は付けなかった。

基本的な下落が二次的な安値で終わることが多いのに対して、基本

図12.2　二次的な安値

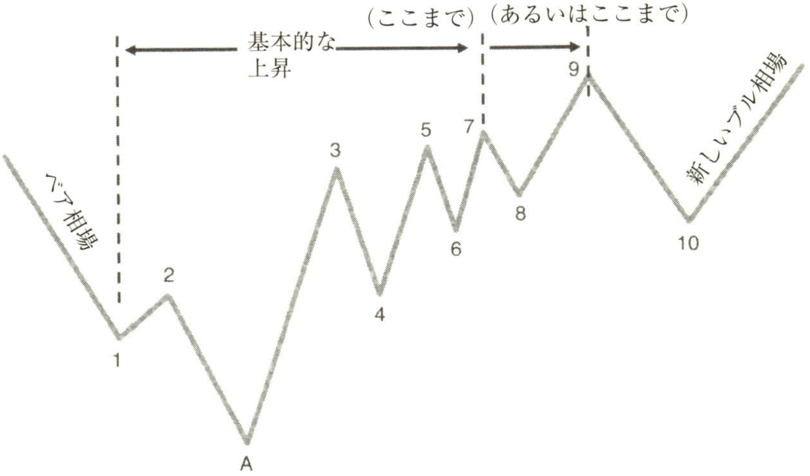

的な上昇はほぼ必ず極端な高値で終わる。二次的な高値を基本的な上昇の高値として使わなければならなかったケースは、過去80年間で１回しかなかった。

二次的な安値からの流れ

マーケットの上下の値幅ではなく方向と期間に注目すると、二次的な安値のあとに非常に似たパターンが見つかる。**図12.2**は、これまで見てきたパターンを合成して示している。

ポイント１は、標準的な基本的な下落の終わりで、これは長期でも短期でもよい。リンジーの継続ルールによれば、これが自動的に新しい基本的な上昇の安値となる。ポイント２は、そのあとの最初の上昇の高値で、ポイントＡはポイント１の安値を下にブレイクして新安値を付けたところである。ポイントＡからポイント３までの動きは必ずポイント２よりもかなり高くなる。ポイント３のあとは、かなり深い下落でポイント４まで下げる（中期的なトレンドの標準的な動き）。そしてポイント５以降は、狭いレンジでの変動が長く続く。ポイント５の直前と直後は、動きが鈍くなる。ポイント５はポイント３をほんのわずかに上回る程度で、ポイント７もポイント５をわずかに上回るが、ポイント６からポイント７までは普通の動きになることが多い。基本的な上昇は通常、ポイント１から始まりポイント７で終わるが、確たる理由があれば７のあとも続くことがある。また、1943年のようにポイント３で終わったケースもあるが、このようなことは異常な状況でしか起こらない。このときは、ポイント２からポイントＡまでの下落が９カ月以上という極端に長い期間続いたためだった。

リンジーが示したすべての例には、高値から長期の基本的な下落（13～14カ月）があり、そのあとにポイント10があるという流れになっている。このときの天井はポイント９だけでなく、ポイント３やポイント５やポイント７も含まれている。

「1923～1924年の動きはポイント９とポイント10の最も典型的な例だと思う」。**図12.3**では、1919年11月３日のブル相場の天井から414日（13.5カ月）下落し（典型的な基本的な下落）、1920年12月21日のポイント１で底を付けた。通常、株価はそのあと反転するが、実際にも４カ月間以上上昇した。これは１回の基本的な下落の反発としては長い。そのあと、株価は1921年８月に新安値を更新した（ポイントＡ）。新安値は1920年12月の安値を明らかに下回っていた。ポイント７の高値は、ポイント１の二次的な安値から数えて819日で、これは長期の基本的な上昇としての完璧な終わりと言える。ポイント７からポイント10までの下落は別の長期の基本的な下落で、420日である。ちなみに、819日の基本的な上昇は、リンジーが二次的な安値と最終的な安値の間の上昇として観察した775～805日よりも若干長い。

ポイント1	ポイントA	ポイント3	ポイント4	ポイント7	ポイント9	ポイント10
6/11/1913	6/30/1914	12/27/1915	5/4/1916	6/12/1916	11/21/1916	12/19/1917
12/21/1920	8/24/1921	6/2/1922	6/12/1922	3/20/1923	[2] 2/6/1924	5/20/1924
6/2/1931	7/8/1932	[1] 7/18/1933	10/21/1933	2/5/1934	none	3/14/1935
5/1/1941	4/28/1942	7/14/1943	11/30/1943	3/13/1944	7/10/1944	9/14/1944
1/30/1970	5/26/1970	4/28/1971	11/23/1971	8/22/1972	1/11/1973	6/26/1973

1.ポイント3はポイント2を超えなかった
2.ポイント9はポイント7を超えなかった

図12.3　二次的な安値

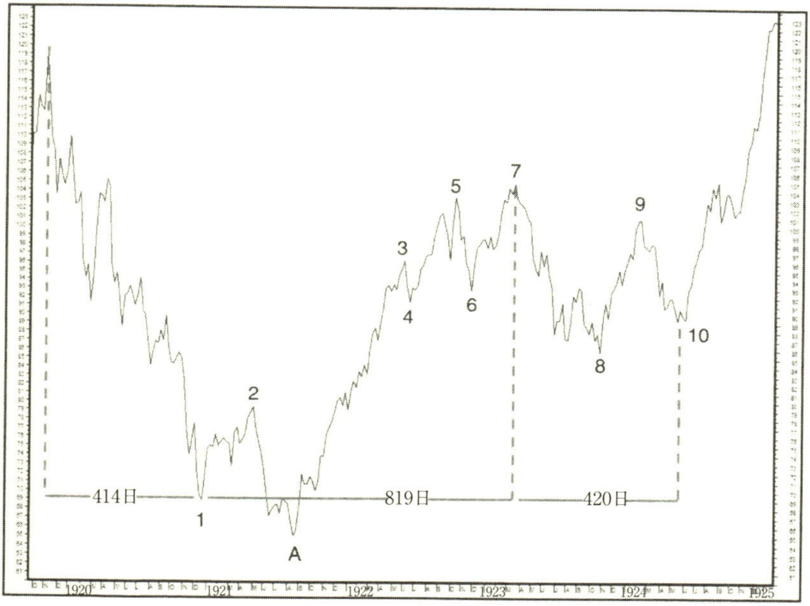

横ばい

上昇相場が予定の期間で終わっても、次の下落の前に合間があるときもある。これは理論的に上昇トレンドでも下降トレンドでもない中立な期間で、リンジーはこの動きを横ばいと呼んでいた。この期間の価格はどれほど変動したとしても結局はほとんど動いていない。横ばいの間は、「マーケットが次の持続するトレンドを生成している間の一時停止」だと考えることもできる。つまり、マーケットが継続するトレンドに入るタイミングを待ちながら上下に揺れている「追加期間」と考えたほうがよいのかもしれない。連続性の原則が中断される最も大きな要因が横ばいなのである。

横ばいはほぼ必ず天井で起こる。また、横ばいはほとんどの場合、かなり鋭いブレイクから始まり、そのあと前の高値とほぼ同じ水準ま

表12.3　横ばいの日数

	短期	長期
11/12/1879–9/27/1880		320
11/19/1885–12/3/1886		379
4/3/1899–9/5/1899	155	
1/19/1906–9/17/1906	241	
1/19/1906–12/11/1906		323
12/27/1915–11/21/1916	330	
2/11/1926–1/25/1927		348
9/3/1929–4/17/1930	227	
2/5/1934–7/26/1934	171	
4/6/1956–8/2/1956	118	
5/14/1965–2/9/1966		271

●表12.3はこの期間のすべての横ばいを記録したものではない。この表は、リンジーが何らかの形で書き残した期間を集めてある。一部の期間には、リンジーがのちに多少の修正を加えた形跡がある。
●1910年よりも前については、鉄道株指数が使われ、それ以降はダウ平均が使われている。
●1885年よりも前については、リンジーが1861年以降算出していた７つの代表的な銘柄による指標を使っている。ただし、このデータにはギャップがある。

で上昇する。なかには高値まで上昇しないときもあれば、超えていくときもあるが、それは重要ではない。横ばいの最長期間は約11カ月だが、それよりも短い場合もある。カウントするときは、直前の上昇の高値から次の基本的な下落（12年インターバルではなく）までを数えるとよい。**表12.3**に横ばいの例を挙げておく。

リンジーは、1842年以降に基本的な上昇が40回あったと書いている。そのうちの31回は明確な基本的な下落が続き、５回は横ばいが続いた。さらに、これ以外にも小さい横ばいが数回あった。

重要なルール――横ばいのあとの基本的な下落は、最高値かどうかに関係なく横ばいの最後から始まる。しかし、横ばいから12年インターバルをカウントするときは、どこであっても必ず最高値から始まる。

図12.4　横ばい

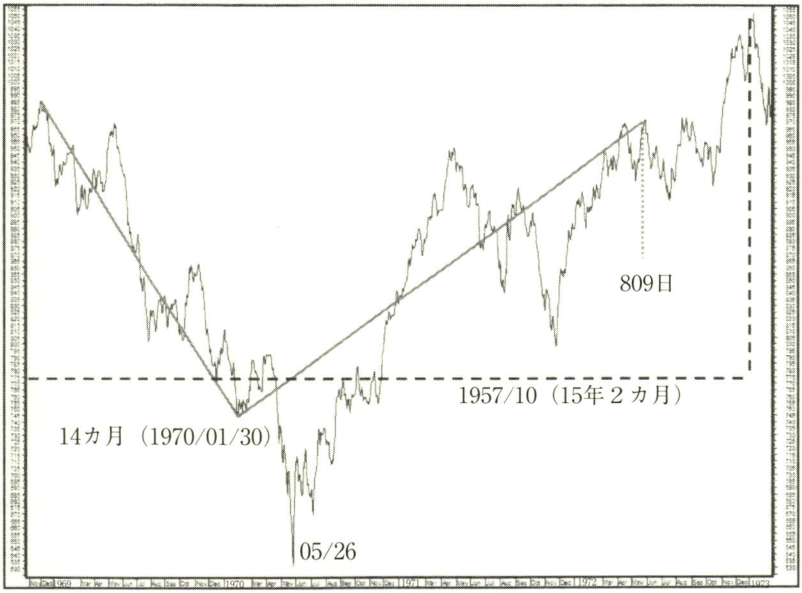

横ばいがいつあるかということを知っておくことは重要で、それには長期インターバルが良い指針となる。1968年12月３日に付けたブル相場の高値のあと、ダウ平均は1970年１月30日まで14カ月にわたって下落した（**図12.4**）。ダウ平均はそのあと４月まで２カ月間上昇してからさらに下落して５月26日に底を打ったが、重要な転換点は１月30日の二次的な安値だった。

次に重要な高値は、そこから775～805日後の1972年３月14日～４月14日近辺になる。そして、実際の高値はその４日後の４月18日だった。

短期と長期の期間を組み合わせると、1972年に横ばいがあることを示唆している。1957年10月22日の安値から15年インターバルをカウントすると、目標レンジは1972年10月23日（15年後）～1973年９月22日（15年11カ月後）となる。また、経験則として、15年２カ月を数えると1972年12月22日となる。そして、実際の高値は1957年の安値から15年２カ月20日後の1973年１月11日だった。

横ばいのあと上昇する場合

「メジャーな横ばいから基本的な上昇が始まったケースは、歴史を通してわずか２回しかない（1880年と1927年）。どちらのケースも、そのあとには短い上昇をはさんで２回の基本的な下落が続く激しいベア相場になった」

通常、マーケットは横ばいのあと下落する。新しく基本的な上昇が始まったケースは、歴史を通してわずか２回しかない。リンジーは、1926年のケースを見て「横ばい」の概念を思いついた。同年の２月と３月のブレイクは、基本的な下落にしては短すぎたからである。

最初のケースは1880年だった。マーケットは1879年11月12日に基本的な高値を付けたあと、1880年10月11日まで先の高値よりも下の水準での横ばいが続いた。そのあとマーケットは上昇し、1881年５月26日にブル相場の高値を付けた。しかし、基本的な上昇が終わったのは、代表的な銘柄の多くが新高値を更新した1882年９月14日だった。これは横ばいの終わりから、典型的な短期の基本的な下落期間である704日後だった。

「私が算出している７つの代表的な銘柄で構成する指標は、1884年１月21日まで494日間下落し、最長の基本的な下落を記録した。横ばいが終わって基本的な上昇が始まったのは、1927年以前ではこれが唯一のケースだった」

1880年と1926年の横ばいが、そのあとの動きについて考えるヒントになったということを覚えておいてほしい。11カ月の横ばいのあとで基本的な上昇が始まると、災難が起こる。

結論

本章の内容をまとめておく。今後の参考にしてほしい。

- リンジーの継続ルールは、下降トレンドが終わると（基本的な下落でも長期インターバルでも）、直後に同じタイプの上昇トレンドが始まる（逆も同じ）としている。
- 基本的な下落は、そのなかでほぼ同じ値幅の上昇が２回連続して起こることが多い。
- 超長期の上昇（929～968日続く）のあとの基本的な下落は、その直後には始まらない。もしヘッドと右のショルダーの間が５カ月を超えていれば、下落の期間はかなり長くなることが多い。
- もしヘッドと右のショルダーの間が５カ月以内ならば、下落のカウントはヘッドから始める。しかし、この期間が５カ月を超えた場合は、基本の下落のカウントを右のショルダーから始める。
- ブル相場の高値から数えて13～14カ月の近辺で明らかな安値を付けることが多い。
- これまでのケースでは、大底よりも前にこの13～14カ月の安値を付けたとき、そのあとの長期の基本的な上昇が775～805日程度の長さになる。
- 基本的な値動き（上昇でも下落でも）が標準期間の最長期間よりも長いときは、その値動きは次の段階まで継続することが予想される。
- これまでで最長の横ばいは11カ月だった。
- 12年インターバルは、たとえ横ばいの途中であっても高値からカウントする。
- 横ばいのあとの基本的な下落は、横ばいの最後の上昇からカウントを始めるのがよい場合が多い。
- 11カ月の横ばいのあとで基本的な上昇が始まると、災難が起こる。

第13章 ミドルセクションからのカウント

Counts from the Middle Section

「株式市場に関して私が最初に思いついたアイデアが今でも最高のものだ。1950年に、私は『アン・エイド・ツー・タイミング』というパンフレットを発行し、このなかでミドルセクションという概念を紹介した。このパンフレットはよく売れ、読者からたくさんの手紙を受け取った私は、それに勇気を得て600ドルの資金を基に、翌年自分のニュースレターを始めた。ほとんど宣伝らしいことをしていないのに、このニュースレターを23年間も発行し続けてこられたことには驚いている。それもこの手法があったおかげだろう。この23年間に、このミドルセクションの原則自体についてはたった１回しか書いていない。しかし、ミドルセクションからのカウントは、私がマーケットのタイミングを測るための大事な方法なのである」――ジョージ・リンジー

ほとんどのメジャーな上昇には「ミドルセクション」がある。この手法を1861年までさかのぼって検証したところ、多くのミドルセクションは、上昇でも下降でも20週間以上続いていた。しかし、過去には短いミドルセクションもあり、これは安値を探すときに利用できる。

ミドルセクションとは、上昇トレンドを中断する２つの反動のことである。**図13.1**と**図13.2**（リンジーが「典型的なスキーム」と呼

んだケース）では、Ｂ～ＤとＧ～Ｈの２つの下落がそれに当たり、その間にはいくつかの小さな上昇がある。これは最低２つあり、それ以上あることもある。

ミドルセクションの最も重要な条件は、小さな押しが起こっているときの全体の上昇のペースが遅いことである。ミドルセクションの間は、トレンドラインの傾斜がその前後よりも緩くなければならないのである。言い換えれば、Ａ～ＢやＨ～Ｊの上昇率に比べて、ミドルセクションの間は上昇率は低くなっているのである。ちなみに、全体（Ａ～Ｊ）は「基本的な上昇」である。

ポイントＢは重要な上昇の高値で、通常、価格は数日間かけてマイナーなトップ（目先天井）を形成する。ポイントＣは「トップのあとの最初に弱含んだ日」で、この日はマイナーなトップの安値を下回って、普通はＤで底を付ける。そのあとの上昇では、３つの上昇（Ｅ、Ｆ、Ｇ）が明確に形成される必要がある。ポイントＧが最後の上昇で、Ｆが「１つ前の上昇」、Ｅが「２つ前の上昇」となる。通常、上昇ミドルセクションのなかのＧ～Ｈの下落はＦからの下落よりも深い。もしこの下落のなかにほぼ同じ値幅の２つの上昇が含まれていれば、それ自体が下落相場のミドルセクションになることもある。ポイントＨはミドルセクションの終わりで、ポイントＪがブル相場のトップになる場合もある。ただ、リンジーはこの「典型的なスキーム」の残りのポイントの意味については何も書き残していない。

ミドルセクションは、そのなかの小さい上昇がポイントＢを上回れば「上昇ミドルセクション」と呼ばれる（**図13.1**）。しかし、小さい上昇がポイントＢの水準に達しなければ「下降ミドルセクション」と呼ばれる（**図13.2**）。

ちなみに、ポイントＦは上昇ミドルセクションでは天井だが、下降ミドルセクションでは底になる。そのため、ポイントＥは、上昇ミドルセクションでは「２つ前の上昇」だったが、下降ミドルセクション

図13.1　上昇ミドルセクション

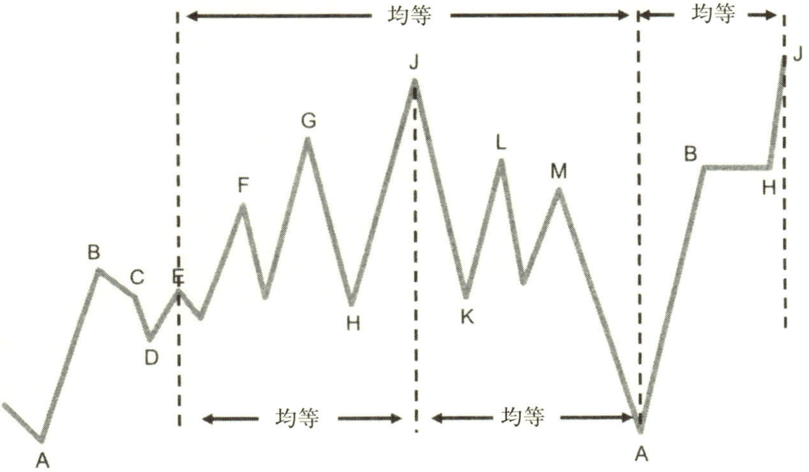

図13.2　下降ミドルセクション

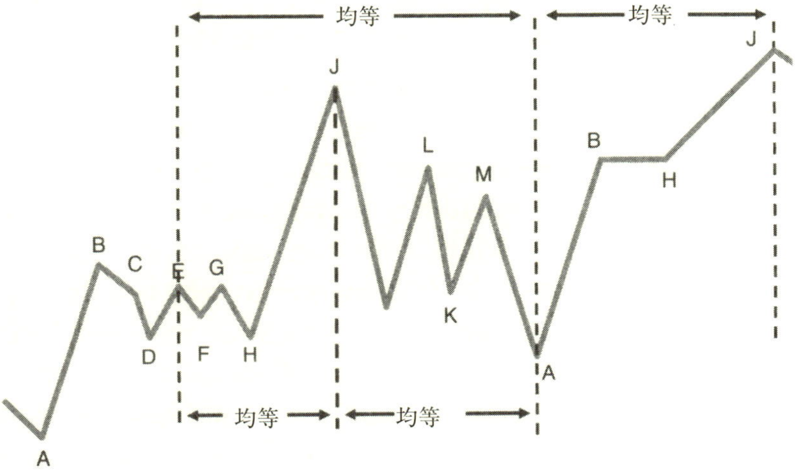

では「1つ前の上昇」になる。

1つの基本的な上昇のなかのまったく別の場所に2つのミドルセクションができることもある。この場合、両方とも同じ方向のミドルセクションのときもあれば、上昇と下降が1つずつできることもある。ミドルセクションはブル相場の高値を算出するためのものではなく、次のベア相場の安値や次のブル相場の高値のタイミングを予想するために使う。このとき目標となる安値や高値はかなり先であり、必ずうまくいくわけではないが、当たったときはその正確さに驚くだろう。

ミドルセクションからのカウントは、すべての期間が同じになるようにする。安値からの期間で始まるときの目標は高値で、高値からの期間で始まるときの目標は安値になる。ミドルセクションからのカウントは、ポイントCからでもポイントEからでもよいが、両方から測ることはできない。ほとんどのケースにおいてはポイントEからカウントするのが正しいため、普通はそこから始めることにしておけばよい。リンジーは、カウントには終値を使っていたが、終値でも日中の価格でも同じようにうまくいくと書き残している。また、ミドルセクションのCかEからカウントを始めたときは、基本的な上昇や基本的な下落の絶対的な高値や絶対的な安値まで数えなければならない。このカウントに関しては、二次的な高値や安値は使わないのである。

標準期間とミドルセクションからのカウントを組み合わせる

「ミドルセクションからの等距離と標準期間（**表12.1**や**表12.2**の期間）のひとつが等しければ、それは基本的な上昇や基本的な下落の終わりだと考えてよい」

標準期間は単独でも使えるが、ミドルセクションからのカウントや長期インターバルと組み合わせるとさらに正確になる。標準期間は、ミドルセクションからのカウントよりも信頼できるが、ミドルセクションは正確に計算すれば非常に厳密な答えを得ることができる。そこで、２つを組み合わせて使うとよい。

ミドルセクションのポイントＣやポイントＥから「等距離」を測って求めた目標値は、基本的な値動きの目標レンジのひとつと重なった場合のみ有効となる。ただ、ポイントＣを基点に計算しても、ポイントＥを基点に計算してもうまくいかないときがあり、その場合は精度は落ちるが基本的な上昇や基本的な下落に頼らなければならない。標準期間は、ミドルセクションのＣとＥのどちらをカウントを開始する始点とするかを決めるのに便利で、必須となることもある。

上昇ミドルセクション

ポイントＢ～Ｄの下落幅は、ほとんどの場合、Ａで終わる下落幅よりも深くなる。しかし、それが明確でないときは、はっきりとしているＣを見てほしい。上昇ミドルセクションで、ある上昇がほかの上昇よりもはるかに小さければ、それが３つの上昇の１番目（Ｅの上昇）にまず間違いない。ポイントＧ～Ｈのブレイクは、Ｆからの下落よりも大きいはずである。もしＥ～Ｆの上昇が極端に長ければ、Ｆからの下落よりも長いＧ～Ｈの下落自体がひとつの独立した下降ミドルセクションになる可能性が高い。

図13.3は、1951年の日足チャートで、ここにはミドルセクションが詳細に示されている。このケースは、ポイントＧが直前の上昇相場の高値であるＢの水準を上回っているため、上昇ミドルセクションと分かる。ミドルセクションには、カウントを開始する始点が必ず２つはある。そのうちの１つがポイントＥで、上昇ミドルセクションの場合、これは必ず「最後から２つ前」の上昇になる。**図13.3**では、1951年４月６日にポイントＥを付けた。

図13.3　1951年のミドルセクション

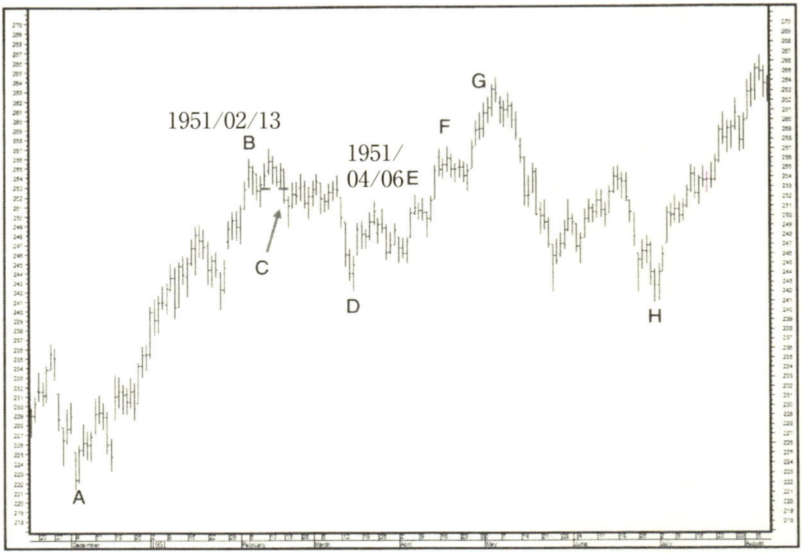

ポイントEから次の重要な安値である1953年９月14日までは892日ある。しかし、基本的な上昇の表（**表12.1**）を見ると、今まで892日間も続いた上昇はない。上昇には765～830日や929～968日のタイプはあるが、その間はないのである。

1951年のミドルセクションでは、ポイントCからもカウントを始められる。ポイントBが重要な上昇の高値である。通常、価格は数日間かけてトップを形成する。**図13.3**では、ポイントBが1951年２月13日だった。ダウ平均はそれから４日間は狭いレンジで推移し、マイナーなトップを形成した。そして２月19日に比較的大きな下落があり、マイナーなトップで形成された安値をはっきりと下回った。この日は、トップのあとの明らかな下落日であるポイントCの完璧な例と言える。

このポイントCは、ベア相場で安値を付けた1953年９月よりも938日前だった。そこで、Cを基点に938日をカウントすると、ブル相場

図13.4　ミドルセクションと1956年の天井

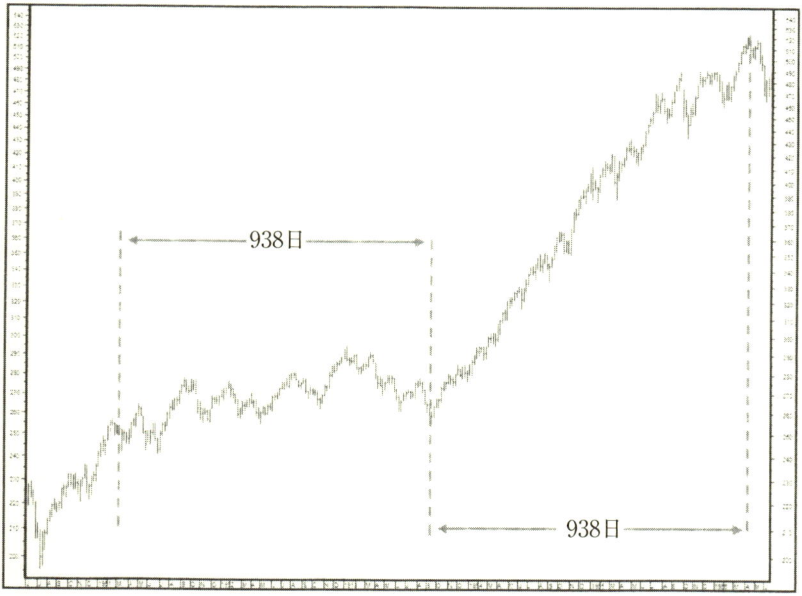

のトップの目標日は1956年４月９日（月曜日）になる。ダウ平均は、この月曜日にブル相場における日中での高値を付け、その前の金曜日に終値としての高値を付けた（**図13.4**）。

下降ミドルセクション

下降ミドルセクションの本質は、長期のブル相場のなかの下降トレンドと言える。下降トレンドは、ほぼ同じくらいの値幅の２回の小さな戻りで中断されたあと、さらに下落する。もし戻りが３回あれば、そのうちの１つ（最後の場合が多いが、1937年のケースは最初だった）は非常に短期のものか、取るに足らないものであろう。

ダウ平均は、1965年６月10日まで下落したあとに１日だけ戻って、それから１日下落し、３日上昇して６月17日に高値を付けた。つまり、

図13.5　1965年の下降ミドルセクション

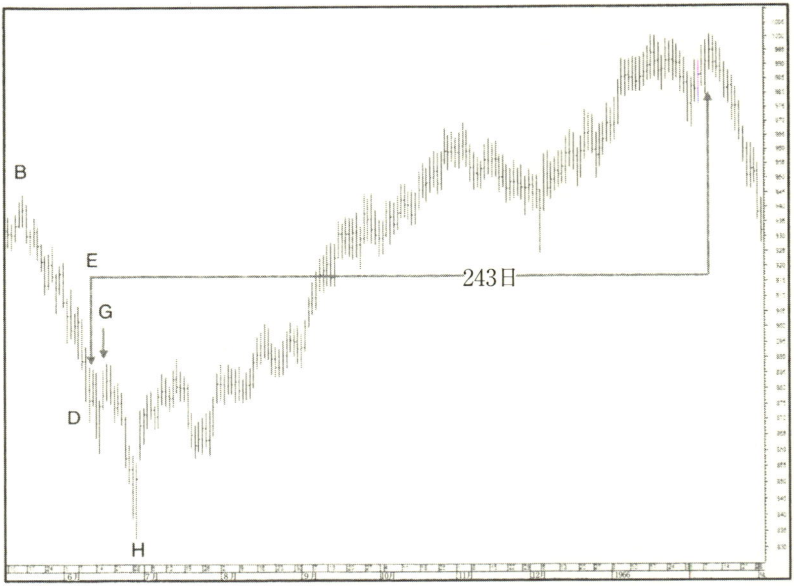

同じ価格レンジで２回の戻りを見せたあと、さらに下落したこのケースは（**図13.5**）、下降ミドルセクションの基本的な条件を満たしている。通常、ミドルセクションの戻りはもっと長いが、下降ミドルセクションの必須条件は２回の戻りの間に鋭い下へのブレイクがあることなのである。

下降ミドルセクションのポイントＥから上昇して1966年２月９日にトップを付けた日をカウントすると、243日である。そこで、２月９日を基点に243日をカウントすると、1966年10月10日月曜日が安値の目標日になる（**図13.6**）。この月曜日は日中で安値を付けた日になり、前の金曜日の終値は1966年のベア相場の終値での安値になった。

図13.6　1966年の底での下降ミドルセクション

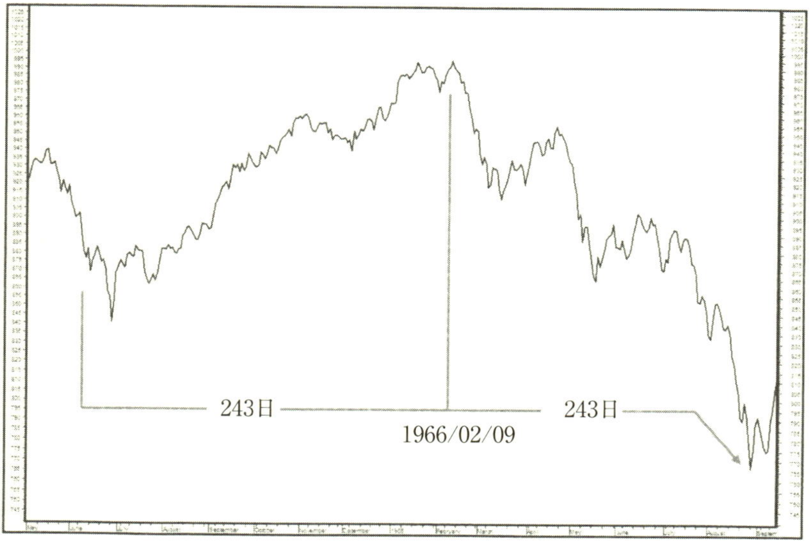

結論

本章の内容をまとめておく。今後の参考にしてほしい。

- ミドルセクションの間は、全体の上昇率のペースが遅くなる。
- ポイントＥは、上昇ミドルセクションでは最後から２番目の上昇で、下降ミドルセクションでは最後から１つ前の上昇になる。
- 正しいカウントのほとんどはポイントＥから始まるため、常にここから始めてみるとよい。
- 通常、カウントはポイントＣかポイントＥのどちらか一方から始まる。
- 下降ミドルセクションは、底に達する前にほぼ同じ値幅の２回の戻りがある。
- 上昇ミドルセクションには次の３つのケースがある。

①１つの上昇がほかよりもずっと小さければ、それがポイントＥにほぼ間違いない。

②ポイントＢ～Ｄのブレイクはほとんどの場合、Ａまでのブレイクよりも深い。

③ポイントＧ～Ｈのブレイクは、Ｆからの下落よりも深い。

第14章
ケーススタディ――1960年代

Case Study : The 1960s

「15年インターバルが終わるポイントでは、一時的にすべてが同じように上昇する。この動きはある種のバランスを保っている。この現象は長くは続かないが、さかのぼって何が起こったのかが分かれば、そこから新たに予測をすることができる」――ジョージ・リンジー

はじめに

標準的な基本的な値動きと長期インターバルの終わりが重なるときは、マーケットに「明白で大きな動き」がある。このようなケースは、1929年９月と1937年３月と1968年12月の高値や、1932年７月と1949年６月の安値など過去に何回かあった。最終章となる本章で取り上げるケーススタディでは、1960年代の10年間の動きのなかでこれまで学んできた概念を検証していく。

1960～1961年の上昇

この10年間がもっと普通に始まればよかったのだが、実際には２つのアノマリーから始まった。非常に珍しい短期よりも短い上昇と、リ

ンジーがベア相場のなかの３つのピークとドーム型の家のパターンと考える期間（1959年８月～1961年12月）があったのである。分析は、いつものように長期カウントから始めよう。

1946年10月の安値から始まった15年インターバルは、1961年12月～1962年２月の辺りが高値になることを示唆している。あとから振り返れば、1961年11月の日中の高値は1946年10月の安値から15年１カ月後で、1953年９月の安値からは８年２カ月後だということが分かる。もちろん、1961年12月の終値で見た高値は、11月の高値から１カ月後である。

しかし、約２年間の中期インターバルを探していると、大きな矛盾にぶつかることが分かる。このブル相場は1960年10月25日に始まった。もしこれが最短の610日だとしても、高値を付けるのは1962年６月になる。

1960年10月25日から基本的な上昇をカウントすると、1961年11月15日の日中の高値はわずか386日後で、これは不規則な上昇と言える。同じことは、12月13日の終値で見た高値までカウントした場合にも言える。本物の上昇で短期よりも短かったのは、これまでに３回しかない（1932～1934年と1946～1948年と1960～1961年）。要するに、マーケットの大部分の動きは、短期よりも短い、短期、長期、超長期といった標準期間になっている。そうでないことも何回かあったが、そのときはタイミングの基準は使えず、チャートの形で判断する。そして、もし３つのピークとドーム型の家のパターンが形成されれば、日数ではなく３つのピークとドーム型の家のパターンに従えばよい。

1961年の高値は唯一のケースと言ってよい。高値はすぐに見つかったが、1959年８月～1961年12月の間に３つのピークとドーム型の家のパターンが形成された（**図14.1**）。この期間のチャートを見ると、３つのピークとドーム型の家の形がいやでも目に入る。この種のパターンは、普通の上昇相場のなかにできる。そこで、高値がどの辺りに来

図14.1　1960～1961年の上昇相場の３つのピークとドーム型の家

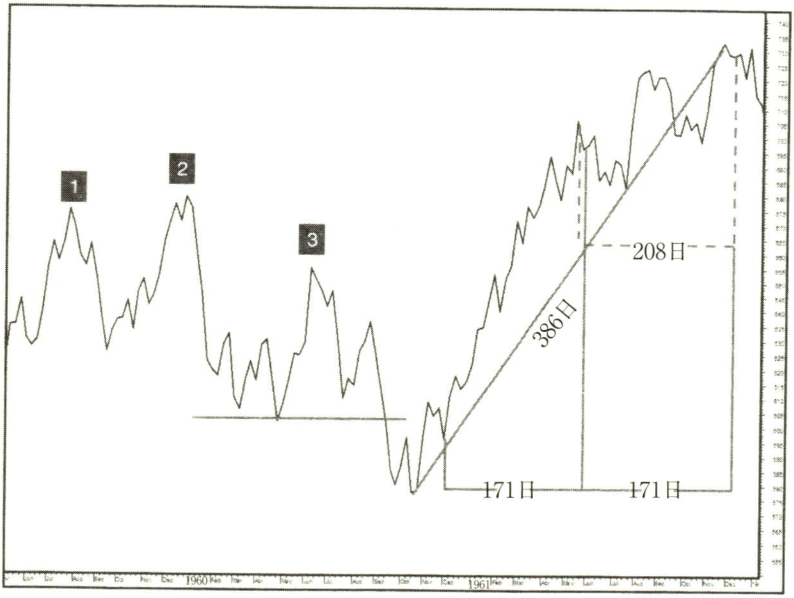

るのかを予測するために221～224日をカウントするが、この場合は１階の屋根の高値から数えなければならない。1961年５月19日～1961年12月13日は208日で、典型的なカウントには13日足りなかった。ちなみに、前例がないわけではないが、１階の屋根から数えることはあまりない。

107日トップ・トップ・カウントは、1961年８月24日から始まり、111日後の12月13日に高値を付けた。これは目標日の４日後なので、±５日の範囲に収まっている（**図14.2**）。11月17日の安値から11月30日の安値までマイナーな安値・安値・高値カウントである13日をカウントすると、高値は12月13日になる。また、1960年12月５日のメジャーな安値と1961年５月26日のマイナーな安値から重要な安値・安値・高値カウントを調べると、171日後は1961年11月12日（日曜日）で、これはもうひとつの高値である1961年11月15日まで３日しか離れてい

図14.2　1960～1961年の上昇とリンジー・タイミングモデル

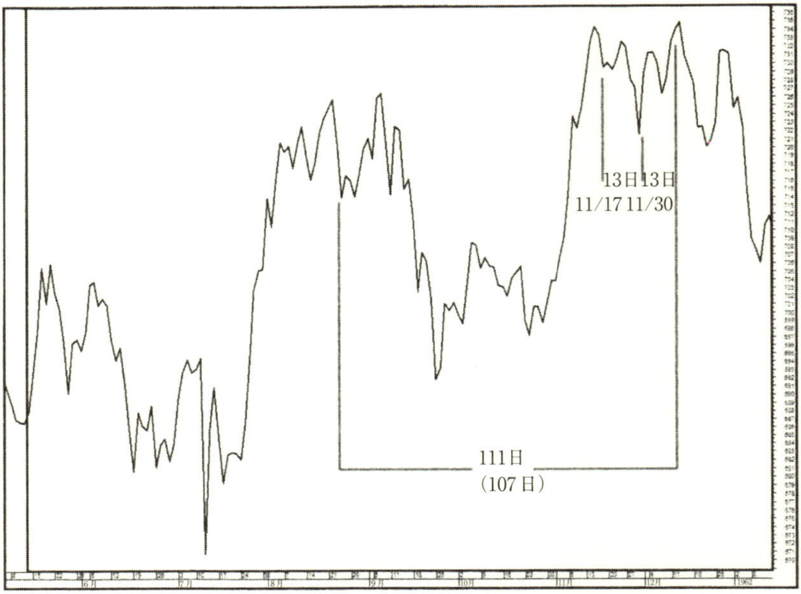

ない（**図14.1**）。

1961～1962年の下落

1961年12月から下げ始めて1962年６月に底を打った下落はわずか194日で基本的な下落の条件を満たさなかったために、このような下へのブレイクのあとによく見られる二次的な安値を探す（**図14.3**）。その安値は1962年10月23日に見つかった。６月の安値を上回り、1961年12月の高値からは10カ月しか経過していないが（通常は13～14カ月）、それは問題ない。二次的な安値を付けた1962年10月23日は、1961年12月の高値から314日後で、かろうじて短期の基本的な下落と認定できる。ちなみに、日中の価格を使ったほうが終値よりも正確な場合もある。日中の高値は、1961年11月15日に付けた。これを基にカ

図14.3　1961～1962年の下落

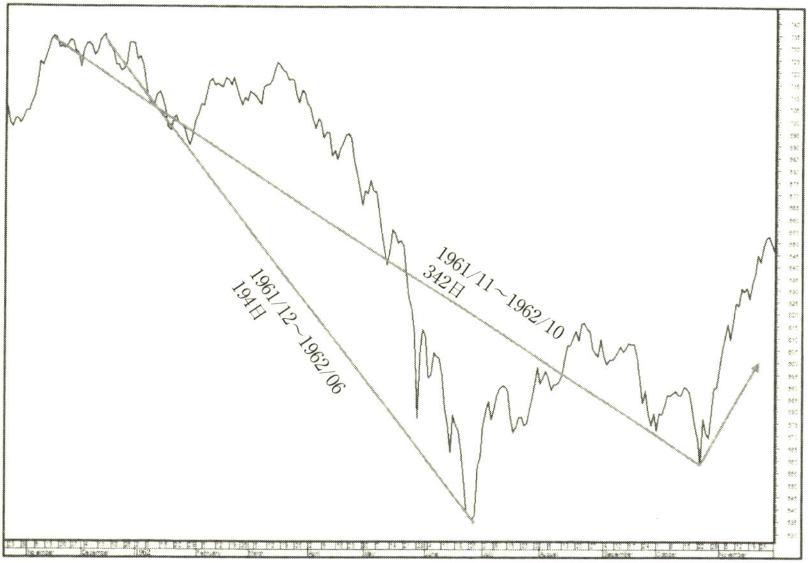

ウントすると、1962年10月の安値は342日後で、これは理想的と言える。つまり、1961～1962年の下落は1962年10月に終わったと考えることができ、その同じ日に次の基本的な上昇が始まった。さらに、1950年６月の高値から12年インターバルを12年４カ月としてカウントすると、安値は1962年10月になる。

1962～1966年の上昇

ダウ平均が1962年10月23日に上昇を始めたとき、1960年10月から1961年11～12月までの短期の基本的な上昇のあとだったので、これからの上昇が交代の原則によって長期にわたることは分かっていた。しかし、それが超長期になるか長期になるのかまでは分かっていなかった。もしこれが単に長期の上昇ならば、1964年12月（２年２カ月後）

に終わっていただろう。

ちなみに、12年インターバルは、1953年１月の高値から始まり、1965年３月（12年２カ月後）～９月（12年８カ月後）のどこかで安値を付けることが予想される。しかし、もし最長の1965年９月に安値を付けたとしても、直近の高値（1964年12月）からはわずか８カ月しか経過していない。これはぎりぎりで短期よりも短い基本的な下落と言える。

今回のシナリオでは、新たな基本的な上昇が1965年９月に始まることが予想される。一方、1953年９月から15年インターバルをカウントすると、1968年末（経験則の15年２カ月後）近辺でメジャーな高値を付けることが予想される。しかし、そうなると1965年９月に始まった基本的な上昇が３年３カ月も続くということになり、これは標準期間としては大変長すぎる。

実際のマーケットは12月まで上昇を続け、1965年５月半ばには1962年10月の安値から934日が経過していた。これは超長期の基本的な上昇の最長期限に近く、これまでに929～968日を超えた上昇はなかった。つまり、上昇は近いうちに終わるはずだということだ。しかし、上昇途上にちょっとした調整はあったが、本格的なベア相場は訪れそうにない。前述の12年インターバルでは、安値を９月１日までに付けると予想されるが、それでは５月に始まった下落との期間が110日程度しかない。これでは基本的な下落と認定するには短すぎる。

そのうえ、12年インターバルのあとに始まる上昇は７カ月以上続く場合が多いが、ここでもそうなっている。しかし、７カ月という期間はベア相場のなかの上昇としては長すぎるため、このシナリオは1965年５月には始まると考えるべきだろう。

もうひとつの可能性は、1965年の後半が横ばいだということで、実際に12年インターバルの安値は1965年６月末に付けた。ここから７カ月後の1966年１月末に最終的な高値を付けることが予想される。実

図14.4　1962～1966年の上昇

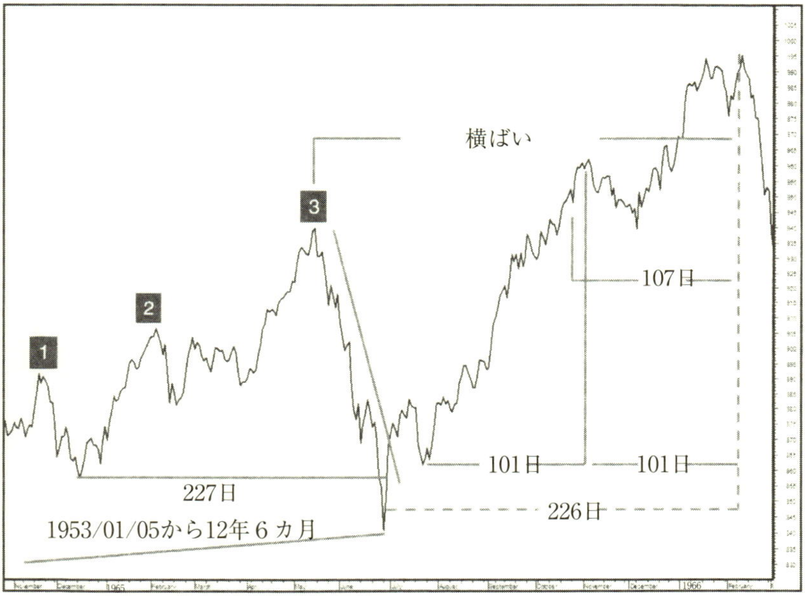

際のブル相場は1966年２月で終わり、そこで横ばいも終わった（**図14.4**）。1966年２月の高値は、横ばいが始まった1965年５月の水準よりも高かったがそれは問題ない。横ばいでの最高値は、序盤に付けるときもあれば、中盤や終盤で付けることもある。トレンドは横ばいの間は一時的に中止しているが、それが終わるとまた継続する。

目標の高値を1966年２月とするもうひとつの根拠は、1964年末から始まって1966年２月９日に高値を付けた３つのピークとドーム型の家のパターンである（**図14.4**）。３つのピークは、1964年11月と1965年２月と1965年５月に形成され、ピーク３は３つのピークとドーム型の家の完全なフラクタルを形成している。ベースが非対称のメジャーな３つのピークとドーム型の家で、６月28日の分断された下落から221～224日をカウントしてみると、２月９日の高値は226日後になる。

２月９日のブル相場の高値は、キーデイトの1965年10月25日（高値の前の押し目）からちょうど107日後だった。そして、この107日インターバルは重要な安値・安値・高値カウントで確認された。1965年７月22日から1965年11月１日までは101日で、そこからさらに101日を数えると1966年２月９日になる。もうひとつの重要な安値・安値・高値カウントはピーク１のあとの底から分断された下落までの227日で、そこからブル相場の高値までは226日である。

1966年の下落

ダウ平均は1966年２月９日に高値を付けたあと、５月17日まで97日間下落した。ただ、これが最終的な底でない重要な理由が２つある。１つ目の理由は、97日間の下落は標準期間としては短すぎることである。

２つ目の理由は、次のブル相場の高値が1968年11月〜1969年１月までないと予想されていることである。この予想は、1953年９月の安値から15年２カ月と15年４カ月をカウントして出している。ところが、1966年５月〜1968年11月の間は915日という長期の上昇（830日）と超長期の基本的な上昇（929日）の間の「空白地帯」なのである。

ちなみに、1969年１月までならば２年８カ月（976日）になる。ただ、超長期の上昇は２年７カ月（968日）続いた例があるが、976日はそれを超えているうえ、超長期の上昇は1962〜1965年にあったばかりである。同じタイプの上昇が連続して起こるということはこれまで１回もなかった（交代の原則）。

もし下落が続くならば、どこかの時点で似たような価格レンジの上昇が続けて起こるはずである。今回の下落では、５月17日の安値から７月８日の高値までの間に２回ではなく３回の上昇があった（**図14.5**）。過去のメジャーなベア相場では、２回か３回の上昇が15〜18週間続いているが、それぞれはわずか52日、つまり２カ月弱しか続か

図14.5　1966年の下落

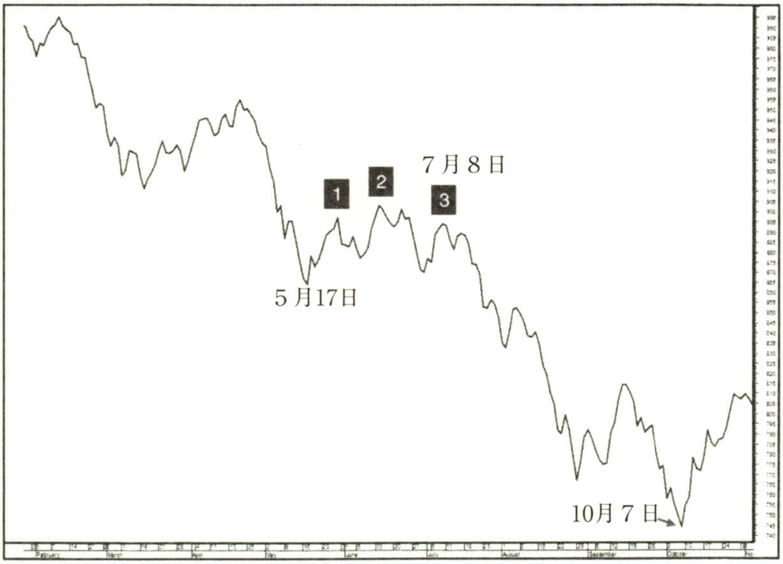

なかった。さらに、上昇が３回あると、そのうちの１つ（たいていは最後の上昇だが、1937年のケースは最初だった）は非常に短期か、そうでなくても重要度は低い。

1966年２月９日～10月７日の下落は239日と平均的だった。ただ、短期よりも短い下落になることについて、３回の上昇の短さがヒントにはなるが、決定的な証拠とは言えない。

実は、1966年末の基本的な安値のタイミングを測るための方法がもうひとつあった。1965年までさかのぼってみると、ダウ平均は５月14日から６月10日まで下落したあと、１日（６月11日）だけ上昇し、１日下落し、３日上昇して６月17日に高値を付けたのである。同じ値幅で２回の異なる上昇があったあとで価格はさらに下落するというこの動きは、下降ミドルセクションの必須条件を満たしている。通常、下降ミドルセクションでの上昇は長く続くが、２つの上昇の間に鋭い下へのブレイクがなければならない。この下降ミドルセクションは、第

図14.6　1966～1968年の上昇と長期インターバル

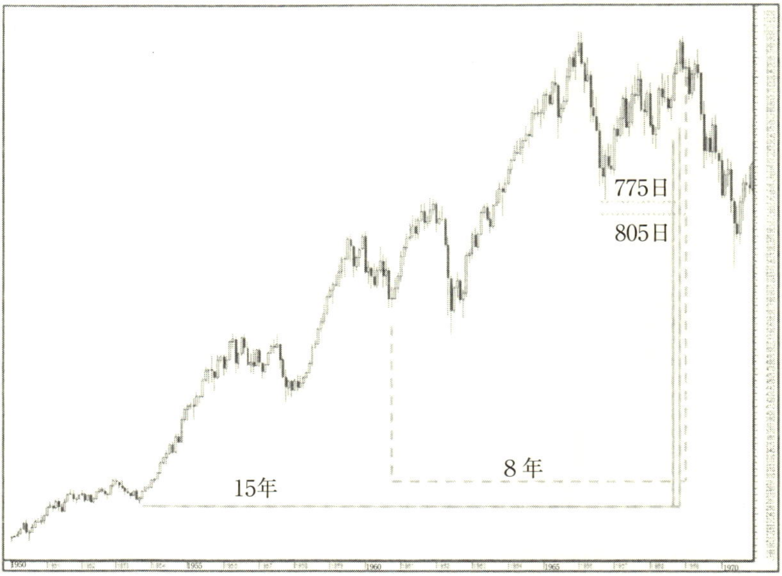

13章「ミドルセクションからのカウント」で検証したケースなので詳細は割愛するが、このミドルセクションが1962～1966年の上昇のケースで出てきた3つのピークとドーム型の家のパターンの分断された下落としても機能していることを書き加えておきたい（**図14.4**）。

1966～1968年の上昇

1953年9月14日のメジャーな安値からの長期インターバルに話を戻すと、このカウントをすると、15年2カ月後の1968年11月近辺に高値を付けると予想できる。ちなみに、15年インターバルは15年～15年11カ月である。

このケースでは、1960年10月25日にもメジャーな安値があった。ここから8年インターバルをカウントすると、1968年10～12月（8年～8年2カ月）に高値を付けると予想される。2つの長期カウントが一

図14.7　1966～1968年の基本的な長期の上昇

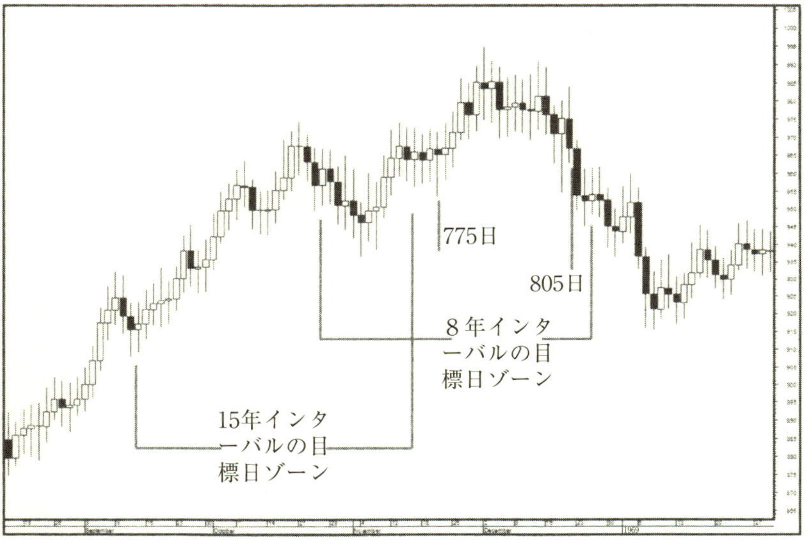

致し、それも非常に近い時期であることで、激しく下落する可能性が高まった（**図14.6**）。

トップをさらによく見ると、約２年間の中期インターバルと、1966年10月７日のベア相場での安値がある。そこから長期相場の典型的な期間である775～805日をカウントすると、1968年11月21日～12月21日の間に高値を付ける可能性がある（**図14.7**）。1966年10月７日に付けたベア相場での安値は、ほぼすべてのメジャーな上昇が始まる12年インターバルの始まりではなかった。1966年という年は、メジャーな高値から12年後でもなかった。つまり、1966～1968年の上昇はマイナーなブル相場でしかなかったことになる。

この期間には、３つのピークとドーム型の家のパターン（**図14.8**）も見られる。ピーク１（1967年５月５日）とピーク３（1968年１月８日）は８カ月間離れている。１階の壁は1968年３～５月で、４月のダマシの押し目も珍しいことではないし、１階の屋根は５回反転してい

図14.8　1966～1968年の上昇と３つのピークとドーム型の家のパターン

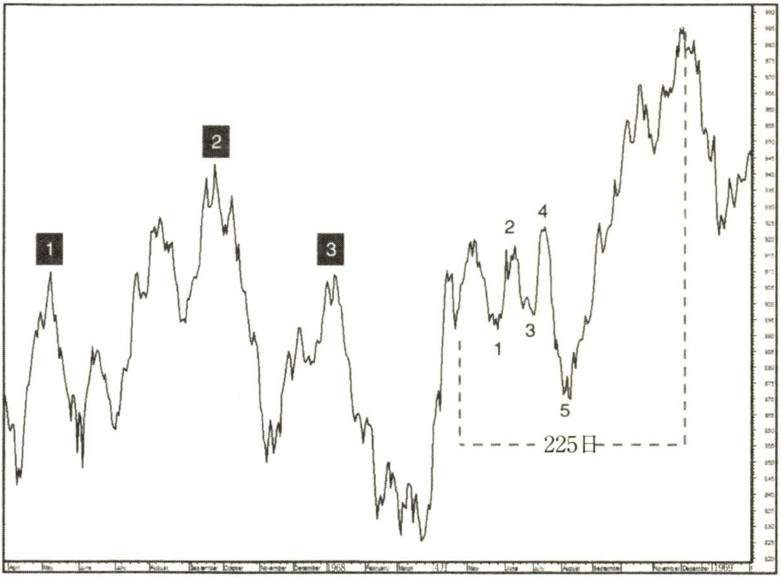

る。ただ、221～224日をカウントして天井を予想しようとすると、４月の最初のダマシの押し目から始めなければならない点には注意が必要だ（そうすると225日）。このカウントが完璧なカウントのわずか１日後であることと、押し目の底からカウントが始まっていることを考慮すると、観察力と忍耐力に優れたアナリストならばこのトップを見つけられると思う。

1968～1970年の下落

安値を付ける可能性は、1969年後半から1970年前半にある。これは、1957年７月12日の高値から12年インターバルをカウントすると、1969年９月（12年２カ月）から1970年３月（12年８カ月）の間のどこかで安値を付けることが予想されるからである。実際に安値を付けたのは、

図14.9　1968～1970年の下落

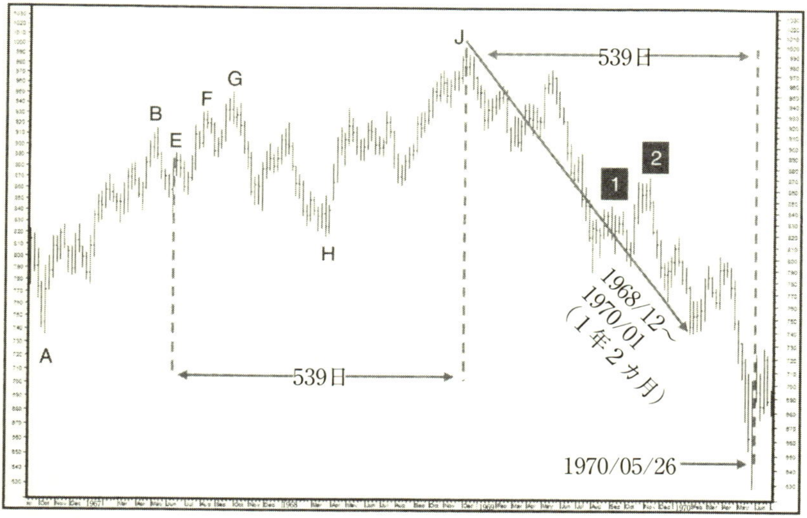

12年10カ月後の1970年５月だった。

1968年12月からの下落の途中で、ほぼ同じ値幅で２回の戻りが予想される。そして、実際には最初の戻りが1969年７月29日に始まり、11月10日まで104日（約15週間）続いた。２回目の戻りは最初の上昇の高値を上回った。ほとんどの場合、２回（または３回）の戻り高値は切り下げる。11月10日から１月30日までの下落は82日間続いたが、これはほとんどのメジャーなベア相場の戻りよりも短い（**図14.9**）。

1970年１月30日は、ブル相場で高値を付けた1968年12月から423日（１年２カ月）後で、これは長期の基本的な下落の典型的な期間である。つまり、トップから14カ月後の1970年１月30日に基本的な安値を付けるはずである。しかし、最終的な安値をその４カ月後の５月に付けたため、1966年と違ってベア相場の安値とは一致しなかった。ベア相場の最後の安値の前に付けた基本的な安値はこのシステムでは非常に重要で、新しい基本的な上昇はそこからカウントを始めなければならない。

図14.10　1967～1968年の下降ミドルセクション

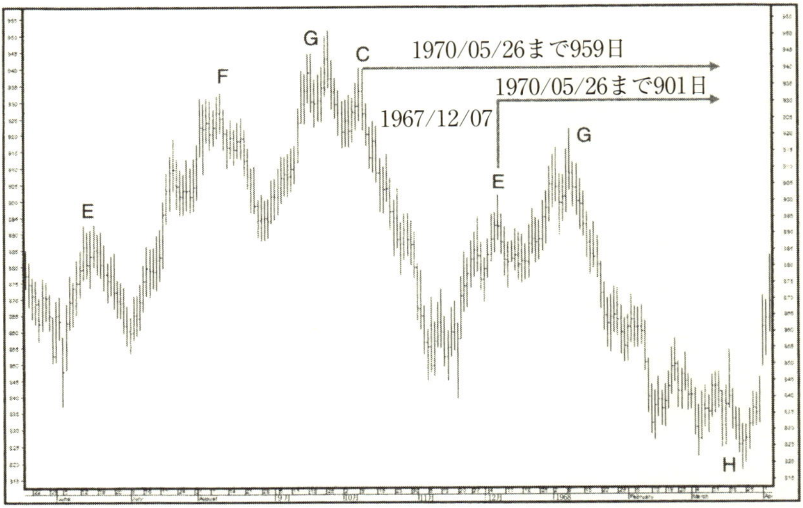

1967～1968年のBからHの間の変動は、上昇ミドルセクション（**図14.9**）を構成している。1967年６月13日のＥから、1968年12月３日のブル相場の高値であるＪまでは539日を数える。この高値からさらに539日をカウントすると目標日は1970年５月26日となり、これはベア相場の安値とぴったり一致している。ちなみに、539日は典型的な「長期」ベア相場（386～448日）よりも長い。期間については、下落のほうが上昇よりも一致しないことが多い。今回の例では、リンジーがＪの印を付けたところがブル相場のトップだが、これが常にブル相場の高値となるわけではない。

このケーススタディとこのミドルセクションを終える前に、Ｇ～Ｈの動きをさらに検証しておこう。普通ならば、これは上昇ミドルセクションの２回目の下落でしかない。しかし、Ｇ～Ｈの下落にはほぼ同じ値幅の上昇が２回含まれており、ここだけで独立した下降ミドルセクションになっている。

図14.10のＧ～Ｈからの下落には、必要な２回の戻りが含まれているが、２つを分ける下落は本来ならばもっと鋭くなければならない。実は、この下落は1967年12月７日～15日の反動だった。本来は、ここで12月１日に付けた日中の安値をブレイクするのが理想で、そうすれば２回の上昇の境界線は明らかになる。しかし、Ｅの1967年12月７日の高値とＧの1968年１月９日の高値は、２つの違う上昇の高値だと考えなければならない。12月７日は最後から１つ前の上昇の高値（ポイントＥ）となる。カウントするときは、Ｃよりもうまくいく頻度が高いＥから常に始めてほしい。

1967年12月７日のＥから1970年５月26日のベア相場の安値までカウントすると901日になる（ミドルセクションからのカウントは、二次的な高値や安値ではなく、絶対的な高値や安値を使う）。ここでもうひとつ、ミドルセクションからカウントするときは常に標準期間と比較しなければならないことを示す例を見ておこう。**表12.1**を見ると、長期の上昇は775～830日、超長期の上昇は929～968日続くことが分かっている。しかし、1877年以来、830～929日の間で終わった上昇トレンドはない。つまり、過去の記録に基づいて考えれば、901日という期間になる可能性はかなり低い。

そこでＥではなく、カウントをする始点となる頻度が低いポイントＣで試してみる。ダウ平均は、1967年９月14日～10月９日にかけてマイナーな天井を付けた。高値のあとの最初の下落日だった1967年10月10日がＣになる。この日はベア相場が安値を付けた1970年５月26日よりも959日前で、1970年５月26日から959日後は1973年１月９日になる。

ちなみに、959日は**表12.1**を見ると超長期の上昇に入っている。また、1973年１月初めは、1957年10月のベア相場の安値から15年と２カ月半後になる。３つのカウントがこれまでにないほど一致しているうえ、実際のブル相場の高値がＣからカウントしたわずか２日後の1973年１月11日だったことは、このカウントが正しかったことを示している。

結論

　これらのケーススタディが、本書でこれまで学んできた内容をより理解する助けになればうれしい。現実の世界では、リンジーが言うほどカウントが正確に一致することはまれだが、驚くほど近い値になったり、彼が言うようにぴったりと一致したりすることもしばしばある。序章にも書いたように、リンジーが長年にわたってニュースレターのなかで紹介したルールや特定のカウント法を学ぶことは重要である。これらの指針をしっかりと覚えれば、それがマーケットの干満に流されないためのいかりになってくれる。そして、このしっかりとした足場があればこそ、「マーケットの感覚」をつかむことができるのである。

用語集

1階の屋根（First Floor Roof）　3つのピークとドーム型の家のパターンの1階の壁のあとの横ばいで、必ずではないが5波の反転で形成される場合が多い。

1階の壁（First Floor Wall）　3つのピークとドーム型の家のパターンのベースのあとの急上昇のこと。

2階の壁（Second Floor Wall）　3つのピークとドーム型の家のパターンで、1階の屋根が形成されたあとに急騰する部分。

3つのピークとドーム型の家（Three Peaks and a Domed House）　ブル相場の終わりを探すためのチャートのパターン。

3日方式（Tri-Day Method）　3つのピークとドーム型の家のパターンのトップのあとの底を予想するために使われる一連の計算式。

107日インターバル（107-Day Interval）　上昇相場の日中の高値を予想するために使われる107暦日のインターバル。正しい開始日を見極めることがカギとなる。

Mパターン（M-Pattern）　歴史的サイクルのことで、1回が約400年。このパターンを使って景気の良し悪しを予想できる。

アジテーション（Agitation）　さまざまな時間的インターバルの始点。アジテーションは、暴力事件や、感情的な出来事（宗教的、経済的、政治的なことなど)、または創造物（本、絵画、劇、音楽ほか）が集中的に発表されるなどの形をとる。

カウント（Count） 開始日からインターバルの終わりまでの暦日数。

カウントの一致（Coincident Counts） リンジーのタイミングモデルのなかで、107日カウントやさまざまな安値・安値・高値カウントで導き出した結果が24時間以内に重なってあること。

下降ミドルセクション（Descending Middle Section） 長期のブル相場のなかの下降トレンドは、通常20週間以上になる。下降ミドルセクションは、トップや底の目標値を探すために使われる。ミドルセクションでの戻りが前回の戻りの高値を超えたら下降ミドルセクションで、通常は２回の戻りのみがある。

キーデイト（Key Date） リンジーのタイミングモデルの107日カウントの開始日。

キーレンジ（Key Range） キーデイトを含む価格のレンジ。キーレンジには９つのパターンがある。

基本的な下落（Basic Declines） さまざまな期間の下落相場のことで、それらはどれでも約１年続く。

基本的な上昇（Basic Advances） さまざまな期間の上昇相場のことで、それらはどれでも約２年続く。

基本的な値動き（Basic Movements） 標準期間で構成される上昇や

下落のこと。

逆行（Retrograde Movement）　リンジーのテクニカルの歴史のなかに出てくる考えで、通常は40年インターバルの終わりに歴史的な出来事が起こって今までの流れを変えようとすること。これによって混乱がもたらされる。

均等の原則（Principle of Equalization）　３つのピークとドーム型の家のパターンのなかで、一方（３つのピークか、ドーム型の家）が通常期間よりも短いときは、他方が長くなること。これによって全体の期間が均一になる。

クラスター（Cluster）　107日カウントの終点の近くか、直後のトレーディングレンジ。

継続ルール（Rule of Continuity）　長期トレンドや中期トレンドが終わると、その直後に必ず同じタイプの逆のトレンドが始まる。

下落ベース（Descending Base）　３つのピークとドーム型の家のパターンのなかで分断された下落のあとに形成されるベース（揉み合い）の部分。このベースの特徴は、高値と安値が切り下がっていくことにある。

交代の原則（Principle of Alternation）　期間などのタイプと方向が同じ基本的な値動きは、期間が交互になること。例えば、長期の上昇のあとには短期の上昇がある。

コンパクトなトップの形成（Compact Top Formation）　キーレン

ジの９つのパターンの共通の枠組み。

最後の押し（Final Dip） リンジーのタイミングモデルのキーレンジの変形で、それまでの上昇の高値直前の押しがキーデイトとなる。

沈んだキーレンジ（Sinking Key Range） リンジーのタイミングモデルのキーレンジで、下降相場の揉み合いのように見える。

実際の日付（True Date） 実際の上昇相場の日中の高値は、通常リンジーのタイミングモデルの目標日から±５日の範囲のどこかに収まる。

重要でないカウント（Minor Count） ①マイナーな安値から別のマイナーな安値までのカウント、②マイナーな安値から重要な安値までのカウント。マイナーな安値は４カ月を超えると無効になる。

重要なカウント（Important Count） ①重要な安値から２年以内の別の重要な安値までのカウント、②重要な安値から３カ月以内のマイナーな安値までのカウント。

重要な安値（Important Low） 上昇トレンド途上で安値・安値・高値インターバルの安値が、その上昇トレンドでの直近の高値の前の安値を下回ること。重要な安値は、トレンドの変わり目になることも多い。下降トレンドの重要な安値は、その下降トレンドでそのあとの上方の戻りがその前の上方の戻りを上回ること。

上昇ミドルセクション（Ascending Middle Section） ブル相場のなかで、その前後と比べて上昇のペースが鈍る部分で、通常は20週間以上に及ぶ。この形は、天井や底の目標値を探すために使われる。ミドルセクションのなかの上昇がその前の上昇相場の高値を超えれば上昇ミドルセクションと呼ばれ、最低でも３回の上昇が含まれる。

上昇ベース（Ascending Base）　３つのピークとドーム型の家のパターンのなかで分断された下落のあとに形成されるベース。このベースの特徴は、高値と安値が切り上がっていくことにある。

スイングオーバー（Swingover）　３日方式で、分断された下落の底からドーム型の家の天井までの長さを、ピーク３から分断された下落の底までの長さで割った比率。

スペシャルクラス（Special Class）　リンジーのタイミングモデルのキーデイトで、例えば底からトップまでのカウントのあとの押し目など。このような開始日から始まる107日カウントの目標値は、どれも既存の下落相場での短い戻りになる。

底からトップまでのカウント（Bottom to Top Count）　リンジーのタイミングモデルのなかで、超長期の上昇の前に107日カウントの開始日となる可能性があるポイント。

対称なベース（Symmetrical Base）　３つのピークとドーム型の家のパターンのなかの分断された下落のあとに形成されるベースで、２本の平行線のなかに収まる。

ダブルトップ（Double Top）　リンジーのタイミングモデルのキーレンジで、２つの高値とそれを分ける安値があり、たいていはこの安値がキーデイトになる。

ダブルボトムトップ（Double Bottom Top） リンジーのタイミングモデルのキーレンジで、３つの高値が２つの安値で区切られており、たいていは最初の安値がキーデイトになる。

短期インターバル（Short-Term Intervals） ３つのピークとドーム型の家やリンジーのタイミングモデルで使われるカウント。

短期的な下落（Short Decline） 基本的な下落の１つで、典型的な期間は340～355日。

短期的な上昇（Short Advance） 基本的な上昇の１つで、期間は２年未満。

短期よりも短い下落（Subnormal Decline） 極めて短い基本的な下落で、期間は222～250日。

短期よりも短い上昇（Subnormal Advance） まれにある極めて短い基本的な上昇。

中期インターバル（Medium-Term Intervals） 日単位で数え、標準期間や基本的な値動きで表す。

長期インターバル（Long-Term Intervals） 重要な高値から重要な安値（またはその逆）までの期間。安値から高値へのインターバルは、約８年間と約15年間がある。また、高値から安値へのインターバルは約12年間である。

長期的な下落（Long Decline） 基本的な下落の１つで、典型的な期間は13～14カ月。

長期的な上昇（Long Advance）　基本的な上昇の１つで、期間は715～830日。

超長期的な上昇（Extended Advance）　基本的な上昇の最長のもので、期間は929～968日。

テクニカルの歴史（Technical History）　リンジーの著書である『ジ・アザー・ヒストリー』のなかで、彼の手法を説明するために使われている用語。

トップ後のカウント（Post Top Counts）　リンジーのタイミングモデルの107日カウントで、通常使われるキーレンジの高値の前のキーデイトではなく、キーレンジの高値のあとのキーデイトから数える方法。

トップ・トップ・カウント（Top-to-Top Count）　上昇相場のトップを探すための107日インターバルを使った手法。

二次的な安値（Secondary Low）　高値から13～14カ月後に付ける下落相場の一時的な底。

非対称なベース（Irregular Base）　３つのピークとドーム型の家のパターンのなかで、分断された下落のあとに形成されるベースが２本の平行線のなかに収まらないタイプ。

標準期間（Standard Time Spans）　歴史を通して繰り返してきた相

場の期間。

フラクタル（Fractal） チャートの一部分が全体の縮小コピーになっている形。

分断された下落（Separating Decline） ３つのピークとドーム型の家のパターンの３つ目のピークのあとの急落。この下落は、ピーク１からの安値とピーク２から安値の少なくとも１つを下回っていなければならない。

ベース（Base） ３つのピークとドーム型の家のパターンの１階の壁の前に形成される基礎部分（揉み合いの時期）。

マイナーな安値（Minor Lows） 安値・安値・高値カウントのなかで「重要な安値」ではない安値。

円屋根（Cupola） ３つのピークとドーム型の家のパターンの天井で、建物の円屋根に似た形。ヘッド・アンド・ショルダーズ・トップ。

メジャーなトップ（Major Top Formation） 数カ月以上に及ぶトップのことで、通常はこのなかにコンパクトなトップが数回形成されている。

目標日（Target Date） リンジーのタイミングモデルで、キーデイトから107歴日後。

安値・安値・高値インターバル（Low-Low-High Interval） ２つの安値の間のインターバルが、２つ目の安値から次の高値までの期間と同じになるパターン。

横ばい（Sideways Movement）　トレンドの休止している時期で、理論的には上昇も下降もしていない期間。

リンジーのタイミングモデル（Lindsay Timing Model）　107日インターバルと安値・安値・高値カウントを使って上昇相場の日中の高値を予想するためのタイミングモデル。

レンジの深さ（Range Dip）　リンジーのタイミングモデルの最後の押しと似ているが、これは最後の押しがキーレンジのなかではなく、その前にある。

■著者紹介

エド・カールソン（Ed Carlson）

CMT（米テクニカルアナリスト協会公認資格）を持つ個人トレーダー兼コンサルタントで、米ワシントン州シアトルを拠点としている。MTA（マーケットテクニシャン協会）ポッドキャスト・シリーズの「カンバセーションズ」で司会を務めるほか、シアトル・テクニカル・アドバイザーズ（http://www.seattletechnicaladvisors.com/）を運営している。株式ブローカーとして20年間の経験があり、公認のマーケットテクニシャン。ウィチタ州立大学でMBA修得。

■監修者紹介

長尾慎太郎（ながお・しんたろう）

東京大学工学部原子力工学科卒。日米の銀行、投資顧問会社、ヘッジファンドなどを経て、現在は大手運用会社勤務。訳書に『魔術師リンダ・ラリーの短期売買入門』『タートルズの秘密』『新マーケットの魔術師』『マーケットの魔術師【株式編】』（いずれもパンローリング、共訳）、監修に『バーンスタインのデイトレード入門』『マーケットのテクニカル秘録』『高勝率トレード学のススメ』『フルタイムトレーダー完全マニュアル』『新版　魔術師たちの心理学』『トレーディングエッジ入門』『スイングトレードの法則』『ロジカルトレーダー』『タープ博士のトレード学校　ポジションサイジング入門』『アルゴリズムトレーディング入門』『クオンツトレーディング入門』『イベントトレーディング入門』『スイングトレード大学』『オニールの成長株発掘法【第４版】』『コナーズの短期売買実践』『トレードの教典』『システムトレード 基本と原則』『脳とトレード』『ザFX』『一芸を極めた裁量トレーダーの売買譜』『ワン・グッド・トレード』『裁量トレーダーの心得 初心者編』『FXメタトレーダー4 MQLプログラミング』など、多数。

■訳者紹介

井田京子（いだ・きょうこ）

翻訳者。主な訳書に『ワイルダーのテクニカル分析入門』『トゥモローズゴールド』『ヘッジファンドの売買技術』『投資家のためのリスクマネジメント』『トレーダーの心理学』『スペランデオのトレード実践講座』『投資苑３　スタディガイド』『マーケットの魔術師【オーストラリア編】』『トレーディングエッジ入門』『デイリートレード入門』『千年投資の公理』『EVトレーダー』『ロジカルトレーダー』『チャートで見る株式市場200年の歴史』『フィボナッチブレイクアウト売買法』『ザFX』（いずれもパンローリング）などがある。

2012年５月２日　初版第１刷発行

ウィザードブックシリーズ ⑲②

相場の黄金ルール
――「３つのピークとドーム型の家」で天底と日柄を究める

著　者	エド・カールソン
監修者	長尾慎太郎
訳　者	井田京子
発行者	後藤康徳
発行所	パンローリング株式会社 〒160-0023　東京都新宿区西新宿 7-9-18-6F TEL 03-5386-7391　FAX 03-5386-7393 http://www.panrolling.com/ E-mail　info@panrolling.com
編　集	エフ・ジー・アイ（Factory of Gnomic Three Monkeys Investment）合資会社
装　丁	パンローリング装丁室
組　版	パンローリング制作室
印刷･製本	株式会社シナノ

ISBN978-4-7759-7159-8

相場の未来や群集心理が自然の法則に従う

ウィザードブックシリーズ156

エリオット波動入門

著者：ロバート・R・プレクター・ジュニア
A・J・フロスト

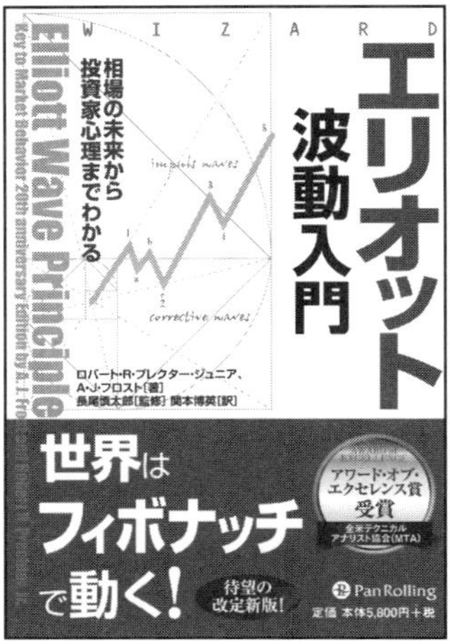

定価 本体 5,800 円+税　ISBN:9784775971239

全米テクニカルアナリスト協会（MTA）のアワード・オブ・エクセレンス賞を受賞。待望のエリオット波動の改定新版！相場はフィボナッチを元に動く！波動理論の教科書！

ウィザードブックシリーズ80

ディナポリの秘数 フィボナッチ売買法

著者：ジョー・ディナポリ

定価 本体 16,000 円+税　ISBN:9784775970423

"黄金率"0.382、0.618が売買のカギ！ 押し・戻り売買の極意！本書は、投資市場における「押しや戻り」を正確に当てるフィボナッチを基本したトレーディング手法を紹介したものである。

ウィザードブックシリーズ146

フィボナッチ逆張り売買法

著者：ラリー・ペサベント
レスリー・ジョウフラス

定価 本体 5,800 円+税　ISBN:9784775971130

従来のフィボナッチ法とは一味違う!!フィボナッチ比率で押しや戻りを予測して、トレードする！デイトレード（5分足チャート）からポジショントレード（週足チャート）まで売買手法が満載！

ウィザードブックシリーズ166

フィボナッチブレイクアウト売買法

著者：ロバート・C・マイナー

定価 本体 5,800 円+税　ISBN:9784775971338

本書では、①高勝率のトレーディングチャンスを見つける方法、②具体的な仕掛けと損切り（仕切り）の価格、③手仕舞うまで完璧にトレードを管理する方法――などを学ぶための方法を伝授してくれる。

世界に名だたるトップトレーダーが語る成功の秘訣

ウィザードブックシリーズ19
マーケットの魔術師
米トップトレーダーが語る成功の秘訣
著者：ジャック・D・シュワッガー

定価 本体 2,800 円+税　ISBN:9784939103407

投資を極めた“魔術師”17人の珠玉のインタビュー集——世界有数のトレーダーたちは、いかにして成功したのか？——彼らの輝かしい成功の裏に隠された「秘密」とは？

ウィザードブックシリーズ181
新マーケットの魔術師
米トップトレーダーたちが語る成功の秘密
著者：ジャック・D・シュワッガー

定価 本体 2,800 円+税　ISBN:9784939103346

知られざる“ソロス級トレーダー”たちが、率直に公開する成功へのノウハウとその秘訣！高実績を残した者だけが持つ圧倒的な説得力と初級者から上級者までが必要とするヒントの宝庫！

ウィザードブックシリーズ160
タープ博士のトレード学校 ポジションサイジング入門
著者：バン・K・タープ

定価 本体 2,800 円+税　ISBN:9784775971277

本書では、物事の本質を見抜く目と優れたトレーディングテクニックで多くの投資家をとりこにしてきたタープが、成功するフルタイムトレーダーになるための心身一体アプローチを提供する。

ウィザードブックシリーズ134
新版 魔術師たちの心理学
トレードで生計を立てる秘訣と心構え
著者：バン・K・タープ

定価 本体 2,800 円+税　ISBN:9784775971000

ロングセラーの大幅改訂版が、読みやすくなって「全面新訳!!」新登場！旧版『魔術師たちの心理学』に比べて50％の大幅増加、《新刊に等しい第２版》の待望の刊行

勝ち組になれるためのトレーダーの聖典

ウィザードブックシリーズ188

ワン・グッド・トレード
シンプルな戦略に裁量を加味して生き残れ

著者：マイク・ベラフィオーレ

定価 本体 5,800 円+税　ISBN:9784775971550

本書では、著者のマイク・ベラフィオーレが友人と共同設立したプロップファームの内情を明らかにしながら、プロップトレーディングの問題点や成功するトレーダーと退場するトレーダーの違いを解明していく。

ウィザードブックシリーズ178

スイングトレード大学

著者：アラン・ファーレイ

定価 本体 5,800 円+税　ISBN:9784775971451

実証されたファーレイの戦略とテクニックを現在のマーケットに合わせ、さらに発展させたもので、一貫して市場に打ち勝つための新たなヒントが満載されている。

ローソク足パターンの傾向分析

著者：伊本晃暉

定価 本体 2,800 円+税　ISBN:9784775991039

【システムトレード大会優勝者がチャートの通説を統計解析】酒田五法は事実か迷信か？27年間3862銘柄1483万5838取引のデータから株価の「特性」が明らかに！定説のウソを解き明かす！

5段階で評価するテクニカル指標の成績表

著者：矢口新

定価 本体 1,800 円+税　ISBN:9784775990926

本書は、世のさまざまなテクニカル指標について、資金運用の現場から見て“使える度”を5段階評価で表したもの。捨てるべきテクニカルと、利用すべきがテクニカルが一目瞭然となっている。

FXで自動売買する前にマスターしておきたい本

ウィザードブックシリーズ118

FXトレーディング

著者：キャシー・リーエン

定価 本体 3,800 円+税　ISBN:9784775970843

本書は、すべてのトレーダーが知っておくべき主要市場や各通貨に関する基本知識や特徴、さらには実際の取引戦略の基礎として使える実践的な情報が含まれている。

ウィザードブックシリーズ123

実践FXトレーディング　勝てる相場パターンの見極め法

著者：イゴール・トシュチャコフ

定価 本体 3,800 円+税　ISBN:9784775970898

ソロス以来の驚異的なFXサクセスストーリーを築き上げた手法と発想！予測を排除した高勝率戦略！勘に頼らず、メカニカルで簡単明瞭な「イグロックメソッド」を公開。

たすFX～脱・受け売りのトレード戦略～

著者：島崎トーソン

定価 本体 2,000 円+税　ISBN:9784775991145

本書は、何らかのアイデア（＝条件）を売買サインに足していくこと、つまり“受け売りではない独自のトレード”を実現するためにどうすればよいのかを紹介しています。

待つFX～1日3度のチャンスを狙い撃ちする～

著者：えつこ

定価 本体 2,000 円+税　ISBN:9784775991008

【相場の勢いをつかんで勝負する損小利大の売買をメタトレーダーで実践】本書で紹介する方法は、「MetaTrader4」を使った驚くほどシンプルなものです。

FXで自動売買するための指南書

ウィザードブックシリーズ191

FXメタトレーダー4 MQLプログラミング

著者：アンドリュー・R・ヤング

定価 本体2,800円+税　ISBN:9784775971581

メタエディターを自由自在に使いこなす！MQL関数徹底解説！自動売買システムの実例・ルールが満載。《特典》付録の「サンプルプログラム」がダウンロードできる！

FXメタトレーダー入門 最先端システムトレードソフト使いこなし術

著者：豊嶋久道

定価 本体2,800円+税　ISBN:9784775990636

無料なのにリアルタイムのテクニカル分析からデモ売買、指標作成、売買検証、自動売買、口座管理までできる!うわさの高性能オールインワンFXソフトを徹底紹介!!為替証拠金取引の世界標準システム

1分足のレンジで勝負！ 行き過ぎを狙うFX乖離トレード

著者：春香

定価 本体2,000円+税　ISBN:9784775991060

平均足とEMA（指数平滑移動平均線）を組み合わせたインジケーターと、"そこ"から一定のピプス（pips）数離れたところにラインを表示する「乖離ライナー」というインジケーターを使って、行き過ぎを狙っていく。

iCustom【アイカスタム】で変幻自在のメタトレーダー

著者：ウエストビレッジインベストメント株式会社

定価 本体2,800円+税　ISBN:9784775991077

自分のロジックの通りにメタトレーダーが動いてくれる。そんなことを夢見てEA（自動売買システム）作りに励んでみたものの、難解なプログラム文に阻まれて挫折した人に読んでほしいのが本書です。

Pan Rolling オーディオブックシリーズ

売り上げ1位

書籍も発売中

ゾーン 相場心理学入門

マーク・ダグラス
パンローリング　約 540 分
DL 版 3,000 円 (税込)
CD 版 3,990 円（税込）

超ロングセラー、相場心理書籍の王道「ゾーン」が遂にオーディオブックに登場！相場で勝つためにはそうすればいいのか！？本当の解決策が見つかります。

売り上げ2位

バビロンの大富豪

「繁栄と富と幸福」はいかにして築かれるのか

ジョージ・S・クレイソン
パンローリング　約 400 分
DL 版 2,200 円 (税込)
CD 版 2,940 円（税込）

不滅の名著！ 人生の指針と勇気を与えてくれる「黄金の知恵」と感動のストーリー！ 読了後のあなたは、すでに資産家への第一歩を踏み出し、幸福を共有するための知恵を確実にみにつけていることだろう。

売れてます

規律とトレーダー

マーク・ダグラス
パンローリング 約 440 分
DL 版 3,000 円 (税込)
CD 版 3,990 円（税込）

常識を捨てろ！ 手法や戦略よりも規律と心を磨け！ 相場の世界での一般常識は百害あって一利なし！ ロングセラー『ゾーン』の著者の名著がついにオーディオ化!!

相場との向き合い方、考え方が変わる！
書籍版購入者にもオススメです！

その他の売れ筋　各書籍版も好評発売中!!

マーケットの魔術師

ジャック・D・シュワッガー
パンローリング　約 1075 分
各章 2,800 円 (税込)

――米トップトレーダーが語る成功の秘訣――
世界中から絶賛されたあの名著がオーディオブックで登場！

新マーケットの魔術師

ジャック・D・シュワッガー
パンローリング約 1286 分
DL 版 10,500 円（税込）
PW版 10,500 円（税込）

ロングセラー「新マーケットの魔術師」（パンローリング刊）のオーディオブック!!

マーケットの魔術師 システムトレーダー編

アート・コリンズ
パンローリング約 760 分
DL 版 5,000 円 (税込)
CD-R 版 6,090 円（税込）

市場に勝った男たちが明かすメカニカルトレーディングのすべて
14 人の傑出したトレーダーたちのインタビューによって、読者のトレードが正しい方向に進む手助けになるだろう！

相場で負けたときに読む本 真理編・実践編

山口祐介　パンローリング
真理編 DL 版 1,575 円 (税込)
CD 版 1,575 円（税込）
実践編 DL 版 1,575 円 (税込)
CD 版 2,940 円（税込）

負けたトレーダーが破滅するのではない。負けたときの対応の悪いトレーダーが破滅するのだ。

私は株で 200 万ドル儲けた

ニコラス・ダーバス
パンローリング約 306 分
DL 版 1,200 円 (税込)
CD-R 版 2,415 円（税込）

営業マンの「うまい話」で損をしたトレーダーが、自らの意思とスタイルを貫いて巨万の富を築くまで――

孤高の相場師リバモア流投機術

ジェシー・ローリストン・リバモア
パンローリング約 161 分
DL 版 1,500 円 (税込)
CD-R 版 2,415 円（税込）

アメリカ屈指の投資家ウィリアム・オニールの教本！ 稀代の相場師が自ら書き残した投機の聖典がついに明らかに！